Don Quixote

돈키호테

돈키호테

First edition: October 2011

TEL (02)2000-0515 | FAX (02)2271-0172
ISBN 978-89-17-23790-0

YBM Reading Library 는 ...

쉬운 영어로 문학 작품을 즐기면서 영어 실력을 크게 향상시킬 수 있도록 개발된 독해력 완성 프로젝트입니다. 전 세계 어린이와 청소년들에게 재미와 감동을 주는 세계의 명작을 이제 영어로 읽으세요. 원작에 보다 가까이 다가가는 재미와 명작의 깊이를 느낄 수 있을 거예요.

350 단어에서 1800 단어까지 6단계로 나누어져 있어 초·중·고 어느 수준에서나 자신이 좋아하는 스토리를 골라 읽을 수 있고, 눈에 쉽게 들어오는 기본 문장을 바탕으로 활용도가 높고 세련된 영어 표현을 구사하기 때문에 쉽게 읽으면서 영어의 맛을 느낄 수 있습니다. 상세한 해설과 흥미로운 학습 정보, 퀴즈 등이 곳곳에 숨어 있어 학습 효과를 더욱 높일 수 있습니다.

이야기의 분위기를 멋지게 재현해 주는 삽화를 보면서 재미있는 이야기를 읽고, 전문 성우들의 박진감 있는 연기로 스토리를 반복해서 듣다 보면 리스닝 실력까지 크게 향상됩니다.

세계의 명작을 읽는 재미와 영어 실력 완성의 기쁨을 마음껏 맛보고 싶다면, YBM Reading Library와 함께 지금 출발하세요!

YBM Reading Library

책을 읽기 전에 가볍게 워밍업을 한 다음, 재미있게 스토리를 읽고, 다 읽고 난 후 주요 구문과 리스닝까지 꼭꼭 다지는 3단계 리딩 전략! YBM Reading Library, 이렇게 활용하세요.

Before the Story

People in the Story
스토리에 들어가기 전, 등장인물과 만나며 이야기의 분위기를 느껴 보세요~

In the Story

★ 스토리
재미있는 스토리를 읽어요. 잘 모른다고 멈추지 마세요. 한 페이지, 또는 한 chapter를 끝까지 읽으면서 흐름을 파악하세요.

★★ 단어 및 구문 설명
어려운 단어나 문장을 마주쳤을 때, 그 뜻이 알고 싶다면 여기를 보세요. 나중에 꼭 외우는 것은 기본이죠.

A slight breeze sprang up and the great sails began to move. Seeing this, Don Quixote exclaimed, "Though you have more arms than the giant Briareus, I will defeat you." Then, imploring his lady Dulcinea to support him, he charged at a full gallop.

With his lance extended, and covered by his shield, he attacked the first mill he reached. But as he drove his lance point into the sail, the wind whirled it around with such force that it broke the lance to pieces. The sail continued on, sending the horse and rider rolling over onto the plain. Sancho hurried to his assistance and found Don Quixote shocked and unable to move.

★ "God bless me," said Sancho, "I told you they were only windmills!"

"Be quiet my friend," replied Don Quixote. "The truth is that Friston, who carried off my study and books, has turned these giants into windmills. He wishes to rob me of the glory of vanquishing them, but in the end his wicked arts will fail against my sword." "하느님의 뜻대로 되겠죠."라는 뜻이에요.

"God's will be donè," replied Sancho Panza.

★★★ ❷ Don Quixote believes that Friston has turned the giants into _____

56 • Don Quixote

★★★ 돌발 퀴즈
스토리를 잘 파악하고 있는지 궁금하면 돌발 퀴즈로 잠깐 확인해 보세요.

Mini-Lesson
너무나 중요해서 그냥 지나칠 수 없는
알짜 구문은 별도로 깊이 있게 배워요.

Check-up Time!
한 chapter를 다 읽은 후 어휘, 구문,
summary까지 확실하게 다져요.

Focus on Background
작품 뒤에 숨겨져 있는 흥미로운 이야기를
읽으세요. 상식까지 풍부해집니다.

After the Story

Reading X-File 이야기 속에 등장했던
주요 구문을 재미있는 설명과 함께 다시 한번~

Listening X-File 영어 발음과 리스닝 실력을 함께
다져 주는 중요한 발음법칙을 살펴봐요.

★★
☐ spring up 갑자기 솟아오르다
☐ defeat 패배시키다
☐ implore + 목적어(A) + to + 동사원형(B)
　A에게 B하라고 간청하다
☐ charge 돌격(공격)하다
☐ at a full gallop (말이 낼 수 있는)
　전속력으로
☐ extend 뻗다, 내밀다
☐ lance point 창 끝

☐ whirl ... around …을 빙글빙글
　돌리다
☐ break ... to pieces …을 조각
　조각 내다
☐ hurry to one's assistance
　…을 도우러 급히 가다
☐ vanquish 정복하다
☐ fail against …앞에서 실패하다

Chapter 3 · 57

MP3 Files
www.ybmbooksam.com에서 다운로드 하세요!

– YBM Reading Library –

이제 아름다운 이야기가
시작됩니다

Don Quixote

Miguel de Cervantes
(1547~1616)

미겔 데 세르반테스는 …

스페인 마드리드에서 가난한 외과의사의 일곱 자녀 중 넷째로 태어났다. 어린 시절 가족을 따라 각지를 전전하느라 정규교육을 거의 받지 못한 세르반테스는 나폴리에 주둔한 스페인 군대에 입대하여, 1571년 오스만 제국과 해전을 벌이다 왼팔이 불구가 되는 부상을 입고 1575년 귀국하던 중 해적에게 납치되어 5년여 동안 고달픈 포로 생활을 하기도 하였다.

세르반테스는 1585년 처녀작 〈갈라테아(Galatea)〉를 출간하였으나 큰 주목을 받지 못하였고 누명을 쓰고 여러 번 투옥되기도 하였다. 그는 옥중에서 사회악과 부패한 현실을 비판적으로 바라보며 작품을 구상하였고, 그 결과 1605년 〈돈키호테(Don Quixote) I〉를 탄생시켰다. 이 작품은 선풍적인 인기에도 불구하고 그를 가난에서 구해주지는 못하였지만 세르반테스는 1615년 〈돈키호테 II〉를 출간하며 자신의 대표작을 완성하였다.

서구 문학사에서 가장 유명한 인물 중 하나인 돈키호테를 창조해낸 세르반테스는 뛰어난 독창성과 자유분방한 상상력, 날카로운 시대 풍자, 기발한 이야기 전개 등으로 스페인 최고의 문학가이자 현대 소설의 창시자라는 평가를 받고 있다.

Don Quixote
돈키호테는 …

세르반테스의 대표작으로 스페인 문학의 정수이자 근대 유럽 소설의 효시로
평가되고 있다. 그 원 제목은 〈라만차의 기발한 신사 돈키호테(The
Ingenious Gentleman Don Quixote of La Mancha)〉로, 당시 스페
인에서 유행하던 기사 이야기를 풍자한 것이다.

50대에 기사 소설에 심취하여 정신이 이상해진 돈키호테는 자신을 정의의
기사로 착각하고 이웃 농부 산초 판사를 하인으로 삼아 방랑기사의 길을 떠
난다. 그러나 세상의 모든 악과 부정을 퇴치하겠다는 의도와는 달리 엉뚱한
모험을 벌이다 하얀 달의 기사와의 결투에서 패배하여 귀향한 후 망상에 빠
졌던 자신의 삶을 반성하면서 조용히 숨을 거둔다.

〈돈키호테〉는 기사의 이상만을 추구하는 돈키호테와 실제
적이고 물질주의적인 산초가 빚어내는 긴장과 유머가
압권이지만 동시에 상호 보완적인 인간적 조화도 보
여준다는 점에서 세르반테스의 휴머니즘
이 돋보이는 작품이다. 어릿광대 같은
주인공 돈키호테를 가장 인간적인 존
재로 각인시킨 〈돈키호테〉는 출간
후 영화와 뮤지컬로 제작되면서 시
대를 초월한 사랑을 받고 있다.

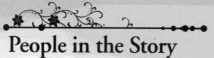

People in the Story

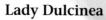

〈돈키호테〉에 등장하는 인물들을 살펴볼까요?

Lady Dulcinea

돈키호테의 상상 속의 연인. 돈키호테가 한때 짝사랑했던 농부의 딸로 위기에 처할 때마다 마음속으로 도움을 청한다.

Don Quixote

소설의 주인공. 라만차 지방의 귀족이지만 기사 소설에 심취, 방랑 기사가 되어 온갖 우스꽝스러운 모험을 펼친다.

Sancho Panza

돈키호테의 하인. 돈키호테의 이웃 농부였으나 그를 따라나서서 주인의 무모한 모험을 말리며 충성을 다한다.

Rocinante

마르고 늙어 볼품없는 돈키호테의 말. 주인으로부터 명마 대접을 받지만 무모한 모험에 수난을 당한다.

Curate
돈키호테의 고향 친구인 신부.
돈키호테의 광기를 치유하기 위해
그가 읽던 기사 소설을 불태운다.

Bachelor Samson Carrasco
돈키호테 고향 마을의 젊은이. 돈키호테의
광기를 치유하고자 '하얀 달의 기사'로
자처하고 돈키호테와 결투를 벌여 승리한다.

Master Nicholas
돈키호테의 고향 친구인
이발사. 신부와 함께 돈키
호테의 광기를 치유하고자
애쓴다.

Antonia Quixana
돈키호테의 10대 후반의 조카딸.
돈키호테의 방랑기사 행각을
걱정하며, 돈키호테의 유언에
따라 그의 전 재산을 물려받는다.

a Beautiful Invitation
— YBM Reading Library

Don Quixote

Miguel de Cervantes

The Genesis of Don Quixote

돈키호테의 기원

In a village in La Mancha lived a gentleman of almost fifty. He was thin, gaunt-featured and a very early riser. He had a thin, bony horse and a greyhound for hunting game. He spent little on food, eating a beef-stew occasionally, a salad on most nights, leftovers on Saturdays, lentils on Fridays, and pigeon on Sundays. He had, however, purchased an expensive jacket of fine cloth, velvet breeches and good shoes for holidays, while on weekdays he wore his best homespun.

□ **genesis** 기원, 발생
□ **gaunt-featured** 수척한 외모의
□ **bony** 뼈만 앙상한, 여윈
□ **greyhound** 그레이하운드(날렵하게 생기고 아주 빠른 사냥개)
□ **game** 사냥감
□ **spend A on B** B에 A를 쓰다
  (spend-spent-spent)
□ **occasionally** 때때로

□ **leftover** 먹다 남은 음식
□ **lentil** 렌즈콩, 편두
□ **breeches** 반바지
□ **homespun** 홈스펀(올이 굵은 모직물)
□ **housekeeper** 가정부
□ **niece** 조카딸, 질녀
□ **lad** 젊은이, 소년
□ **surname** 성
□ **plain** 명백한, 분명한

He had a housekeeper past forty, a niece under twenty, and a lad to work in the fields and go to the marketplace. Some people say his surname was Quixada or Quesada, although from my research it seems plain that he was called Quexana.

Whenever he was at leisure, he was an avid reader of novels about chivalry. He read these with such ardor that he rarely hunted and even neglected the management of his property.

From time to time he had even sold off acres of land to buy the books he loved. His favorite author was Feliciano de Silva, whose lucid style and witty phrases kept him awake at night as he strove to understand them.

In particular he approved of the author's way of ending his stories with the promise of interminable adventure.

In the end, with little sleep and too much reading, he lost his wits. His imagination grew full of the [1] enchantments, battles, challenges, loves, and other impossible nonsense he read about in these books. He began to believe that what he read was real. He thought the legendary Spanish hero, Cid Ruy Diaz, was a good knight, but not nearly as good as the fictitious Knight of the Burning Sword who slew two fierce and monstrous giants.

---

1 **lose one's wits** 정신이 이상해지다, 제정신(이성)을 잃다
   In the end, with little sleep and too much reading, he lost his wits. 결국 그는 잠은 거의 안 자고 책만 읽는 바람에 정신이 이상해졌다.

□ **at leisure** 한가한, 느긋한
□ **avid reader** 책을 열심히 읽는 사람, 독서광
□ **chivalry** 기사도
□ **with ardor** 열정적으로, 열심히
□ **property** 재산
□ **sell off** …을 싸게 팔아치우다
□ **lucid** 명쾌한, 명료한
□ **strive to + 동사원형** …하려고 분투
   [노력]하다 (strive-strove-striven)
□ **in particular** 특히
□ **approve of** …을 인정하다
□ **interminable** 끝없이 계속되는
□ **enchantment** 마법
□ **fictitious** 허구의, 지어낸
□ **slay** (전쟁·싸움에서) 죽이다 (slay-slew-slain)

In his madness, he decided that he should become a knight-errant in the service of his country. He would roam the world in full armor, righting every kind of wrong and exposing himself to peril and danger. The [1] intense enjoyment he found in these pleasant dreams energized him as he began to prepare for his journey.

He began by cleaning up his great-grandfather's armor that had been lying for years, rusting and covered with mildew, in a corner. He scoured and polished it as best he could, but soon perceived that it had one great defect. Instead of a closed helmet, it had only a simple crested morion. His ingenuity supplied a solution. From cardboard, he constructed a device that fitted onto the morion so it looked like a full closed helmet. In order to see if it was strong enough, he slashed at it with his sword, which completely destroyed it. He set to work again, fixing bars of iron on the inside until he was satisfied with its strength and perfection.

---

1 **expose oneself to peril** 위험에 맞서다
He would roam the world in full armor, righting every kind of wrong and exposing himself to peril and danger.
그는 완전 무장을 하고 세상을 돌아다니며 모든 불의를 바로잡고 온갖 위험에 맞설 작정이었다.

□ knight-errant (중세의) 모험을 찾아다   □ perceive 감지하다
　니는 기사, 방랑 기사   □ defect 결점
□ in the service of …에 봉사하여   □ crested 앞꽂이[깃털] 장식이 있는
□ roam 돌아다니다   □ morion (면갑이 없는) 투구
□ armor 갑옷   □ ingenuity 독창성, 발명의 재주
□ right 바로잡다   □ supply 주다
□ energize …의 활기를 북돋우다   □ construct 만들다, 구성하다
□ great-grandfather 증조부   □ fit onto …에 꼭 들어맞다
□ rust 녹슬다   □ slash at (칼로) …을 베다
□ mildew 흰곰팡이   □ set to work 일을 시작하다
□ scour 샅샅이 뒤지다   □ fix A on B A를 B에 달다
□ as best (as) one can 할 수 있는 한,
　최선을 다하여

Next, he took down the shield and lance that hung on his wall and cleaned them.

Then he looked at his scrawny old horse. He spent [1] four days thinking what name to give him, because a horse belonging to a famous knight required a special name. And so, having composed, rejected, made, and remade many names, he decided to call him Rocinante.

Then eight more days were spent thinking about what name he should take for himself, until at last he decided to call himself Don Quixote. Then, in the style of all good knights, he added the name of his kingdom and country. He would henceforth be known as Don Quixote of La Mancha. '… 님'의 의미로 스페인에서 남자 이름 앞에 붙이는 존칭이랍니다. Nothing more was [2] needed but to look out for a lady to be in love with.

In El Toboso, a village nearby, lived an attractive farm-girl named Aldonza Lorenzo. At one time he had been in love with her, although she had never been aware of his existence. After thinking about a name that would be suitable for a great lady, he decided to call her Dulcinea del Toboso. The name seemed to him to be musical and significant, like the ones he had already given himself and his horse.

스페인어 de와 이이 합쳐진 del은 영어로 of, from으로 생각하면 됩니다. 즉, '토보소 출신의 둘시네아'란 의미예요.

□ lance 창
□ scrawny (동물이) 뼈만 앙상한, 가죽만 남은
□ henceforth 이 이후로
□ be known as …로 알려지다

□ look out for + 목적어(A) + to + 동사원형(B) B할 A를 구하다
□ be aware of …을 알다
□ suitable for …에 적당한
□ significant 의미심장한

1 **spend + 시간 + ...ing** …하면서 시간을 보내다
He spent four days thinking what name to give him.
그는 말에게 어떤 이름을 지어줄까 생각하면서 나흘을 보냈다.

2 **nothing more is needed but to + 동사원형** …외에는 더 필요한 것이 없다
Nothing more was needed but to look out for a lady to be in love with. 사랑에 빠질 귀부인을 구하는 것 외에는 더 필요한 것이 없었다.

Mini-Less☼n

완료분사 구문

분사 구문의 시제가 주절의 시제보다 이전에 일어난 일을 나타낼 때는 완료분사 구문인 「having + p.p.」를 쓴답니다.

• Having composed, rejected, made, and remade many names, he decided to call him Rocinante. 그는 여러 이름을 짓고, 퇴짜를 놓고, 만들고 또 만든 뒤, 그 말을 로시난테로 부르기로 결정했다.
• Having completed the work last night, I am free now.
지난 밤 그 일을 끝냈으므로, 나는 지금 자유롭다.

Now that everything was ready, Don Quixote did [1] not want to delay leaving. There were many wrongs he needed to right, injustices to correct and duties to discharge. So one morning before dawn, he put on his suit of armor, mounted Rocinante, took his lance and shield, and sallied forth into the countryside of Montiel.

He felt very content and satisfied at how easy the beginning of his grand adventure was. But as soon as he found himself in the countryside a terrible thought struck him. He had not been dubbed a knight, which meant that according to the law of chivalry he must not bear arms against any knight. He hesitated, but his madness was stronger than his reasoning and he decided to have himself dubbed a knight by the first person he met.

□ delay ...ing ···하는 것을 미루다
□ injustice 부당, 불평등
□ correct 고치다, 바로잡다
□ discharge (임무 등)을 이행하다
□ suit of armor 갑옷 한 벌
□ mount ···에 올라타다
□ sally forth into ···로 힘차게 떠나다
□ content 만족한
□ strike (생각이) ···에 떠오르다
　 (strike - struck - stricken)

□ be dubbed a knight 기사 작위를 수여받다
□ according to ···에 따르면
□ bear arms against ···에 대항해 무기를 들다
□ reasoning 추리, 추론
□ adventurer 모험가
□ pace along (일정한 속도로) 쭉 걷다
□ melt 녹이다
□ brain 두뇌

   For a time, the
adventurer paced along,
talking to himself and thinking about the marvelous
stories that would be written about his adventures. He
rode so slowly and the sun's heat increased so rapidly
on that July day that it was enough to melt his brains
if he had any.

---

1 **now＋that**절 이제 …이므로
Now that everything was ready, Don Quixote did not want to
delay leaving.
이제 모든 것이 준비되었으므로, 돈키호테는 출발하는 것을 미루고 싶지 않았다.

# Check-up Time!

● WORDS

단어와 단어의 뜻을 서로 연결하세요.

1 armor •   • a. an origin, creation, or
                                   beginning

2 ingenuity •   • b. any covering worn as a
                                   defense against weapons

3 game •   • c. wild animals or birds that
                                   people hunt for sport or food

4 genesis •   • d. the quality of being cleverly
                                   inventive or resourceful;
                                   inventiveness

● STRUCTURE

빈칸에 알맞은 전치사를 보기에서 골라 문장을 완성하세요.

at	on	of	to

1 He decided to expose himself _____ peril.

2 He approved _____ the author's way of ending.

3 He spent little _____ food, eating a salad on most nights.

4 Whenever he was _____ leisure, he was an avid reader
  of novels.

● COMPREHENSION

본문의 내용과 일치하면 T에, 일치하지 않으면 F에 표시하세요.

		T	F
1	Don Quixote was an early riser.	☐	☐
2	He found a perfect helmet in a corner.	☐	☐
3	Once a farm-girl named Aldonza Lorenzo loved Don Quixote.	☐	☐
4	Don Quixote sold off acres of land to buy books he loved.	☐	☐

● SUMMARY

빈칸에 맞는 말을 골라 이야기를 완성하세요.

In a village in La Mancha lived a gentleman of about 50. He read too many novels about (　　) so in the end he lost his wits. He decided to be a (　　) and correct every kind of wrong. He decided to call his horse (　　) and himself Don Quixote. He selected a farm-girl as his lady to be in love with and called her (　　) del Toboso. One morning he sallied forth into the countryside of Montiel.

a. knight-errant　　　　b. chivalry

c. Dulcinea　　　　　　d. Rocinante

The Knighting of Don Quixote

돈키호테의 기사 작위식

Nearly all day Don Quixote traveled without anything remarkable happening to him. Toward evening, he was very tired and hungry. Looking all around for a castle or shepherd's hut, he saw an inn in the distance and rode toward it, reaching it just as night fell.

At the inn door stood two young damsels, barefoot with their hair in a mess, who were on their way to Seville with some mule drivers who had stopped that night at the inn.

To him, the inn appeared to be a castle with four turrets and spires of shining silver, a drawbridge and moat. He rode up to this castle and stopped a short distance from it, waiting for a dwarf to appear and blow a trumpet to announce his arrival. He perceived the two damsels who were standing there, and they seemed to him to be two fair maidens or lovely ladies resting at the castle gate.

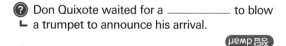

❓ Don Quixote waited for a _____ to blow
└ a trumpet to announce his arrival.

정답 dwarf

At this moment a nearby swineherd gave a blast of [1] his horn to move his pigs along the road. To Don Quixote, this sounded like the trumpet blast of welcome he was waiting for, so he rode up to the inn and the ladies. But when the women saw him approaching in full armor with a lance and shield, they moved in dismay into the inn.

Don Quixote saw that they were afraid, so he raised his visor to show his dry and dusty face and gently said, "Your Ladyships need not fear me, for I am a knight, and you are obviously high-born maidens."

□ knight …에게 기사 작위를 주다
□ damsel 아가씨
□ barefoot 맨발의
□ in a mess 엉망인
□ mule driver 노새 몰이꾼
□ turret (성 꼭대기의) 작은 탑
□ spire 첨탑
□ drawbridge 도개교(들어올릴 수 있는 다리)
□ moat 해자(성 주위에 둘러 판 못)
□ stop a short distance from …에서 얼마 되지 않은 거리에 멈춰 서다

□ dwarf 난쟁이
□ announce 알리다
□ maiden 아가씨, 처녀
□ swineherd 돼지치기
□ in full armor with (a) lance and shield 창과 방패를 갖추어 완전 무장을 하고
□ in dismay 당황하여, 깜짝 놀라
□ visor 얼굴 가리개, 면갑
□ Your Ladyship (귀족 집안 여성에 대한 호칭) 마님, 부인, 아씨
□ high-born 명문가(상류층) 출신의

1   **give a blast of** (악기)를 한 번 불다, 뿌웅 하는 소리를 내다
    At this moment a nearby swineherd gave a blast of his horn to move his pigs along the road.
    바로 그때 근처에서 돼지치기가 길을 따라 돼지들을 몰고 가려고 뿔나팔을 한 번 불었다.

When the two damsels heard themselves addressed as maidens, they burst out laughing. Don Quixote said indignantly, "Modesty suits the fair, and laughter that has little cause is silly. However, I do not wish to upset you. My desire is merely to serve you."

These words only increased the ladies' laughter, and that increased Don Quixote's irritation. Matters might [1] have gone further if the landlord had not come out at that moment. He was a very fat man and a peaceful one. When he saw the grotesque figure clad in mismatched armor with lance and shield, he had no desire to laugh. Instead, he was filled with awe and said, "Senor Caballero, I have food and drink if you require it, but there is no spare bed in the inn." 스페인어인 Senor는 Mr.에, Caballero는 Knight에 해당하는 호칭이랍니다.

Don Quixote appreciated the respectful bearing of the lord of the castle, and replied, "Sir, for me anything will do. My armor is my only garment and my only ☀ rest, battle."

"In that case," said the landlord, "your bed must be bare rocks and your sleep a constant vigil."

---

1 주어 + would (might, could, should) have + p.p. if + 주어 + 과거완료
(가정법 과거완료) …했더라면 ~했을 것이다
Matters might have gone further if the landlord had not come out at that moment. 그때 주인이 나오지 않았더라면 사태가 악화되었을 것이다.

□ be addressed as …로 호칭되다
□ burst out laughing 갑자기 웃음을
  터뜨리다
□ indignantly 화가 나서
□ modesty 겸손
□ the fair (집합적) 미인
□ irritation 화, 짜증
□ grotesque 기이한
□ clad in …을 입은
□ awe 경외심
□ spare 여분의

□ appreciate 고마워하다
□ bearing 자세, 태도
□ do (will/would와 함께) 충분하다,
  괜찮다
□ garment 의복
□ bare 맨, 아무 것도 덮이지 않은
□ vigil 불침번, 감시

Mini-Less☼n

중복되는 것은 생략하세요!

영어에서는 같은 말이 반복되면 그 말을 생략하려는 경향이 있어요. 그 말을 생략해도
의미 파악이 가능할 땐 과감히 생략하세요!

- My armor is my only garment and my only rest, (is) battle.
  내 갑옷이 나의 유일한 옷이요, 내 유일한 휴식은 전투이니 말이오.
- He has been to New York once, and she (has been to New York) twice.
  그는 뉴욕에 한 번 가봤고, 그녀는 두 번 가봤다.

The landlord held the stirrup for Don Quixote as he dismounted with great difficulty. He asked his host to take great care of his horse who was the best horse in the world. The landlord looked at the horse with a cynical eye, but he led him to the stable.

He returned to the inn to see what might be wanted by his guest and found that the damsels were helping Don Quixote out of his armor. They had taken off his breastplate and backpiece but they did not know how to remove his makeshift helmet, which he had fastened with green ribbons. They could not untie the knots and he would not allow them to be cut, so he remained all [1] evening with his helmet on.

? Who led Rocinante to the stable?
L a. Don Quixote   b. The landlord

정답 q

☐ stirrup 등자
☐ dismount …에서 내려오다
☐ with a cynical eye 냉소적인 눈으로
☐ stable 마굿간
☐ help A out of B A가 B에서 벗어날
　수 있도록 돕다
☐ breastplate 흉갑(가슴을 가리는 갑옷)
☐ backpiece 등판
☐ makeshift 임시변통의

☐ fasten 고정시키다
☐ knot 매듭
☐ set the table 식탁을 차리다
☐ badly-cooked 요리가 잘못된
☐ cod 대구
☐ moldy 곰팡이가 핀
☐ hollow (속이) 빈
☐ reed 갈대
☐ pour 붓다, 따르다

The women set the table and the host brought Don
Quixote some badly-cooked cod fish and a piece of
black and moldy bread. It was a laughable sight to see
him eating. With his helmet on
and his visor up, he could not
with his own hands put
anything into his mouth
so one of the women
had to feed him. The
landlord put one
end of a hollow
reed in his mouth
and poured the
wine into him
through the
other end.

---

1 **would not + 동사원형** (과거의 고집·거절) …하지 않았다
They could not untie the knots and he would not allow them
to be cut.
그들은 그 매듭들을 풀 수 없었고 돈키호테는 그것들이 잘리는 것을 허락하지 않았다.

While Don Quixote was being fed, the swineherd blew his horn four or five times in the distance. This convinced Don Quixote that he was in a famous castle being wonderfully entertained with music, fine food, with well-bred ladies and the lord of the castle as companions.

But it still distressed him that he was not yet a knight because he could not lawfully engage in any adventure without receiving the order of knighthood.

He was so troubled by this thought that he hurried through his meal. Then, he called the landlord to follow him into the stable, where he fell on his knees before him. Only when the landlord had agreed to ☀ knight him the next morning did Don Quixote rise.

The landlord had already suspected that his guest was crazy, but now he was convinced of it. He decided to have some fun, so he told Don Quixote that when he was younger he had been a knight-errant before retiring to this castle. Now he welcomed all knights-errant of whatever rank they might be.

knight-errant의 복수형은
knights-errant랍니다.

He asked Don Quixote if he had any money with him. Don Quixote replied that he did not, because he had never read of knights-errant that carried money.

- □ well-bred 좋은 가문에서 자란, 교육을 잘 받은
- □ companion 친구, 벗
- □ distress 고통스럽게 하다, 괴롭히다
- □ engage in …에 참여하다
- □ order 서계식
- □ knighthood 기사 작위
- □ be troubled by …로 괴로워하다

- □ hurry through 서둘러 …을 마치다
- □ fall on one's knees 무릎을 꿇다 (= kneel down)
- □ suspect (that) …라고 의심하다
- □ be convinced of …을 확신하다
- □ retire to …로 은퇴하다
- □ whatever + 명사 어떤 …이든
- □ rank 계급

Mini-Less⊙n

도치: Only + 부사(구) + 조동사/do(be) 동사 + 주어

「Only + 부사(구)」를 강조하기 위해 문두에 둘 때는 그 뒤는 어순이 도치되어
「조동사/do(be) 동사 + 주어」가 된답니다.

- Only when the landlord had agreed to knight him the next morning did Don Quixote rise. 주인이 다음 날 아침 기사 작위를 내려주겠다고 약속하자 그제서야 돈키호테는 일어섰다.
- Only on Christmas day are the roads empty like this. 크리스마스에나 도로가 이렇게 텅 비지요.

The landlord told Don Quixote that knights-errant always carried money for emergencies, along with clean shirts and a little box of ointment. Don Quixote listened to this advice before asking if he could keep a vigil over his armor in the castle's chapel that night. The landlord said the chapel was being repaired but that he could keep vigil in the courtyard. So Don Quixote placed his armor in a trough near the well. Then he picked up his shield and lance and began to march up and down in front of the trough as night began to fall.

The landlord told all the people in the inn about the lunacy of his guest. They all wondered at his strange form of madness, and watched him pace back and forth. Sometimes he stopped to lean on his lance and gaze at his armor. The light from the moon was so brilliant that everything the apprentice knight did was plainly seen by all.

□ for emergencies 비상시를 위해
□ along with …와 함께
□ ointment 연고
□ keep (a) vigil over 자지 않고 …을 지키다
□ chapel 예배당
□ trough 구유, 여물통
□ lunacy 정신 이상
□ apprentice 견습생, 도제
□ fling 집어던지다 (fling-flung-flung)
□ beat 순찰 지역
□ serenely 조용히
□ come along 도착하다, 나타나다
□ with the object of ...ing …할 목적으로
□ crack 세게 때리다

Meanwhile one of the mule drivers approached the trough to water his mules.

"Take care," cried Don Quixote, "do not touch the armor unless you are prepared to die."

The mule driver ignored him. He seized the armor by [1] the straps and flung it some distance from him. At this, Don Quixote lifted his lance with both hands and hit the mule driver's head so hard that he fell to the ground. This done, Don Quixote placed his armor back in the ☀ trough and returned to his beat as serenely as before.

Shortly after this, a second mule driver came along with the object of giving water to his mules, and Don Quixote, without saying a word this time, once more lifted his lance, cracking the mule driver's head in four places.

---

1 **seize + 목적어(A) + by+ 부위(B)** A의 B를 잡다
He seized the armor by the straps and flung it some distance from him. 그는 갑옷의 띠를 잡아 그에게서 멀찍이 집어던졌다.

Mini-Less☀n

being의 생략
분사 구문에 being이 있는 경우 being을 생략하는 경우가 많답니다.
• This (being) done, Don Quixote placed his armor back in the trough.
  이렇게 하고 나서 돈키호테는 갑옷을 다시 여물통 속에 집어넣었다.
• I boarded the plane, (being) certain that I would meet her soon.
  그녀를 곧 만나리라 확신하면서 나는 비행기에 올랐다.

The comrades of the wounded men ran outside and began to throw stones at Don Quixote until the landlord shouted to them to leave him alone.

"Have I not already told you that he is a madman?" he cried. "Even if he kills you all he cannot be held accountable."

Finally the men left off stoning him, and Don [1] Quixote allowed them to carry off the wounded. Then with the same calmness and composure as before he resumed the watch over his armor.

The landlord was determined to cut matters short and dub his mad guest a knight before any further misadventure could occur. He went to Don Quixote and apologized for the rudeness of the other guests.

□ comrade 동료
□ be held accountable 책임을 지다
□ stone …에게 돌을 던지다
□ carry off …을 치우다, 가지고 가다
□ the wounded (집합적) 부상자들
□ composure 침착
□ resume 다시 시작하다
□ watch over …에 대한 감시
□ cut matters short 빨리 일을 마무리 짓다

□ misadventure 불행
□ apologize for …에 대해 사과하다
□ in a persuasive tone 설득조로
□ take place 이루어지다
□ confer 수여하다
□ be entitled to + 동사원형 …할 자격이 주어지다
□ spare 살려주다

---

1 **leave off ...ing** …하는 것을 멈추다
Finally the men left off stoning him, and Don Quixote allowed them to carry off the wounded. 마침내 사람들은 그에게 돌을 던지는 것을 멈추었고, 돈키호테는 그들에게 부상자들을 치워도 좋다고 허락했다

Then, in a persuasive tone,
he suggested that the knighthood take [2]
place then and there. He told his guest that a chapel
was not necessary for conferring a knighthood, which
could actually be conferred in the middle of a field.
Don Quixote believed it all and said that they should
hurry up, for if he were attacked again as a knight he
would be entitled to kill everyone in the castle, except
those the lord wished him to spare. He put on his
armor again, and told the landlord that he stood ready
to obey him.

2 **suggest that + 주어(A) + (should) + 동사원형(B)** A가 B해야 한다고 제안하다
   He suggested that the knighthood take place then and there.
   그는 기사 서품식이 당장 그 자리에서 이루어져야 한다고 제안했다.

Feeling fearful, the innkeeper brought out the book used to keep a record of the straw and barley he served out to the mule drivers. A lad carried out a candle and, along with the two damsels, the landlord returned to where Don Quixote was standing and told him to kneel down. Then he read from his account book as if he were murmuring some devout prayer. He raised his hand and struck Don Quixote on the neck, and then, with his own sword, gave him a slap on the shoulder. [1]

Having done this, he directed one of the ladies to present Don Quixote with his own sword and she did [2] so with great self-control and seriousness, which was certainly required to prevent herself from bursting into laughter.

Now Don Quixote was a knight, he wanted to sally forth in quest of adventures immediately. He saddled Rocinante at once, then embraced his host and thanked him for his kindness in knighting him. The landlord replied politely and let him leave in the dark without paying.

- □ keep a record of ···을 기록하다
- □ barley 귀리
- □ serve out A to B B에게 A를 제공하다
- □ carry out ···을 들고 나가다
- □ account book 회계 장부
- □ murmur 중얼거리다
- □ devout 경건한

- □ self-control 자제력
- □ seriousness 진지함
- □ prevent + 목적어(A) + from ...ing(B)
  A가 B하지 못하도록 하다
- □ in quest of ···을 찾아서
- □ saddle (말)에 안장을 얹다
- □ embrace 포옹하다

---

1 **give A a slap on B** A의 B를 가볍게 두드리다(때리다)
He raised his hand and struck Don Quixote on the neck, and then, with his own sword, gave him a slap on the shoulder.
그는 손을 들어 올려 돈키호테의 목을 친 후, 자기 칼로 돈키호테의 어깨를 가볍게 두드렸다.

2 **present A with B** B를 A에게 주다
Having done this, he directed one of the ladies to present Don Quixote with his own sword.
그리고 나서, 그는 여자들 중 한 명에게 자신의 칼을 돈키호테에게 주라고 지시했다.

Check-up Time!

● **WORDS**

빈칸에 알맞은 단어를 보기에서 골라 써넣으세요.

stirrup	vigil	irritation	bearing

1 He appreciated the respectful _____ of the landlord.

2 He asked if he could keep a _____ over his armor in the chapel.

3 The landlord held the _____ for Don Quixote as he dismounted with difficulty.

4 These words increased the ladies' laughter, and that increased Don Quixote's _____.

● **STRUCTURE**

괄호 안의 두 단어 중 알맞은 단어를 골라 문장을 완성하세요.

1 The landlord directed one of the ladies to present Don Quixote (with / to) his own sword.

2 He suggested that the knighthood (takes / take) place then and there.

3 The two damsels were barefoot with their hair (in / with) a mess.

4 He saw the grotesque figure clad (on / in) mismatched armor.

● **COMPREHENSION**

이야기의 흐름에 맞게 순서를 정하세요.

a. The swineherd blew his horn four or five times.

b. The innkeeper asked Don Quixote if he had any money with him.

c. Don Quixote saw that the two damsels were afraid, so he raised his visor.

d. The comrades of the wounded men began to throw stones at Don Quixote.

(   ) → (   ) → (   ) → (   )

● **SUMMARY**

빈칸에 맞는 말을 골라 이야기를 완성하세요.

After traveling all day, Don Quixote found an inn and decided to stay there, thinking it was a (   ). He begged the landlord to dub him a knight because without the order of knighthood he could not engage in any (   ). That night Don Quixote wounded two (   ). Finally the landlord was convinced that Don Quixote was crazy and to prevent any further misadventure he knighted his mad (   ) and let him leave.

a. adventure   b. mule drivers   c. guest   d. castle

ANSWERS

Comprehension | (c)→(a)→(b)→(d)
Summary | 1. d 2. a 3. b 4. c

Merchants and Windmills

상인과 풍차

Don Quixote was exhilarated at being dubbed a knight but he turned Rocinante toward his village all the same. Before embarking on any further adventures, he needed money and clean shirts and also a squire.

After he had gone about two miles, Don Quixote saw a group of people, merchants from Toledo on their way to Murcia to buy silk. There were six of them holding sunshades, with four servants mounted, and three muleteers on foot. As soon as Don Quixote saw them he stopped in the middle of the road, awaiting the approach of these knights-errant, for that is what he thought they were.

When they had come near enough to see and hear, he exclaimed, "Halt. You may not pass until you confess that there is no maiden fairer than the Empress of La Mancha, the incomparable Dulcinea of Toboso."

The traders halted at the sight of the strange figure and at the sound of his strange words. They immediately understood that he was mad but they wished to learn why such a confession was demanded of them.

□ merchant 상인
□ be exhilarated at …에 기분이 들뜨다
□ all the same 그럼에도 불구하고
□ embark on …에 나서다
□ squire 기사의 종자〔하인〕
□ sunshade 양산, 햇빛가리개
□ on foot 걸어서
□ muleteer 노새 몰이꾼

□ halt 멈추다
□ confess 인정하다, 자백하다
□ empress 황후
□ incomparable 비길 데 없는
□ at the sight of …을 보고
□ confession 인정, 자백
□ be demanded of …에게 요구되다

One of the traders, who was rather fond of a joke, said, "Sir Knight, we do not know who this good lady is. Show us a portrait of her. Even if she is blind of one eye, and distilling vermilion and sulfur from the other, we would nevertheless say what you desire."

"She distills nothing of the kind, you vile rabble," said Don Quixote, burning with rage. "Nor is she one-eyed. But you must pay for the blasphemy you have uttered against my lady."

And he leveled his lance and charged furiously at the man who had spoken. His attack was so fierce that if Rocinante had not stumbled and fallen, the trader would have died. But down went Rocinante, and over went his master, rolling along the ground for some distance. When he tried to rise, the weight of his old armor made this impossible.

As he struggled to get up he cried, "Stay and fight, you cowards!"

Mini-Lesson

부정문 뒤의 nor

부정문 뒤에 nor이 오면 부정의 연속을 나타내어 '…하지도 않다'는 뜻이 되며, nor 뒤에는 「(조)동사/be(do)동사 + 주어」로 어순이 도치된답니다.

• She distills nothing of the kind, nor is she one-eyed.
  아가씨의 눈에서는 아무것도 흐르지 않는다, 그리고 그녀는 한쪽 눈이 멀지도 않다.

One of the muleteers seized Don Quixote's lance, and began to furiously beat him with it, thrashing the knight as if he were thrashing wheat. He shattered every piece of the lance on the fallen man's armor. All through the storm of blows, Don Quixote never once ceased threatening the wicked knaves. At last the muleteer was tired and the traders continued their journey.

□ be blind of one eye 한쪽 눈이 멀다
□ distill 방울져 떨어지게 하다
□ vermilion 주홍색 (색소)
□ sulfur(sulphur) 유황
□ nevertheless 그럼에도 불구하고
□ vile 극도로 불쾌한, 비열한
□ rabble 와자지껄한 무리, 폭도
□ burn with rage 분노로 불타다, 격노하다
□ blasphemy 신성 모독
□ utter 입 밖에 내다
□ level 겨누다
□ charge at …을 향해 돌진하다
□ furiously 미친 듯이 날뛰며

□ stumble 발을 헛디디다
□ struggle to + 동사원형 …하려고 애쓰다
□ thrash 때리다, (곡물)을 두드리다
□ shatter 부수다
□ storm of blows 폭풍 같은(빗발치는) 강타
□ knave 무뢰한, 악당

When he found himself alone, Don Quixote made
another effort to rise but found that it was beyond his
power. He lay where he had fallen for some time,
struggling in vain to rise. As chance would have it, [1]
a peasant from his own village saw him stretched out
and came up to him. He recognized him and asked
what was wrong. From the mad ravings issuing forth
from the mouth of the fallen man, the peasant
quickly realized that Don Quixote had lost his senses.

So he helped him rise and hoisted him onto his donkey before collecting all the arms, even the splinters of the lance, and tying it on Rocinante. Then, leading Rocinante by the bridle and the donkey by the halter he took the road for the village. He was saddened to hear the absurd things Don Quixote was saying.

They reached the village just as night was beginning to fall, but the peasant waited until it was dark. He did not want the villagers to see the gentleman riding a donkey and shouting his mad, senseless words. When it seemed to be the proper time, he entered the village and went to Don Quixote's house.

□ **beyond one's power** 역부족인, 힘에 부치는
□ **in vain** 헛되이
□ **stretched out** 널브러진, 쭉 뻗은
□ **come up to** …에게 다가오다
□ **raving** 헛소리
□ **issue from** …에서 나오다
□ **lose one's senses** 정신이 돌다, 미치다

□ **hoist A onto B** A를 B 위로 들어 〔끌어〕올리다
□ **splinter** 조각
□ **bridle** 굴레
□ **halter** 고삐
□ **take the road for** …을 향해 출발하다
□ **be saddened to + 동사원형** …하고 슬퍼지다
□ **absurd** 터무니없는

---

1 **as chance would have it** 마침 다행스럽게도
As chance would have it, a peasant from his own village saw him stretched out and came up to him. 마침 다행스럽게도, 그와 한 동네에 사는 농부 하나가 그가 널브러져 있는 것을 보고 그에게 다가왔다.

In Don Quixote's house the peasant found all in confusion. The housekeeper was telling the curate and the barber that her master had not been seen for three days.

"You must know, Master Nicholas," said his niece to the barber, "it's these books! He read them for days on end and dreamed of being a knight. You might have stopped him if you had burned all these accursed books."

"You are right!" said the curate. "Tomorrow those books will be burned. They will lead no others to behave as my good friend seems to have behaved." ☀

Just then, the peasant called out to them. The housekeeper, barber, curate and niece all hurried out and exclaimed loudly when they recognized Don Quixote on the back of the donkey.

- □ in confusion 당황한, 혼란에 빠진
- □ curate (교구의) 보좌 신부, 부목사
- □ barber 이발사
- □ on end 계속해서
- □ dream of ...ing ···하는 것을 꿈꾸다
- □ accursed 저주 받은
- □ call out to ···을 큰 소리로 부르다
- □ bruise 멍
- □ bleeding wound 출혈상
- □ at great length 상세하게, 장황하게

1 **inflict A on B** A에게 B(타격 · 고통)을 주다(입히다)
   Don Quixote insisted that the bruises were inflicted on him in a battle with ten giants.
   돈키호테는 거인 10명과 싸우다 그 타박상을 입게 되었다고 주장했다.

They helped him down and
carried him to bed at once.
After searching his body,
they found several bruises
but no bleeding wounds.
Don Quixote insisted
that the bruises were [1]
inflicted on him in a
battle with ten giants,
the biggest and the boldest
to be found on earth.

"Give me something to eat
and leave me to sleep," he insisted.

They did so, and the curate questioned Don Quixote's
rescuer at great length. The peasant told him everything,
which only made the curate more eager to burn the books.

Mini-Less☼n   See p. 136

to have+p.p.: 완료부정사
They will lead no others to behave as my good friend seems to have
behaved.(이 책들 때문에 우리 친구가 했던 것처럼 다른 누군가가 그런 행동을 하는 일은
일어나지 않겠지요.)에서 to have behaved는 완료부정사로 본동사 seems보다 앞서 일어난 일을
나타낸답니다.

• She appears to have been away for the past 3 months.
  그녀는 지난 석 달 간 집을 떠나 있었던 것 같다.

The book burning was accomplished the next day, while Don Quixote rested in his bed. And the curate and the barber walled up and plastered the room where the books were. Days later, when he enquired about the whereabouts of his books, he was told that the magician, Friston, had carried off his study and all its contents.

Don Quixote remained at home for fifteen days. He was quiet and calm and this pleased his friends and

relations, who were certain that he had no desire to continue his adventures. They were wrong. Unknown to them he spent many hours with a neighbor, Sancho Panza, trying to persuade Sancho to accompany him on his next adventure. Don Quixote told him that their adventure would most probably win an island, and he would make him its governor. In the end, Sancho agreed to leave his wife and child to become Don Quixote's squire.

Don Quixote next set about getting some money. He sold some things and pawned others and although he made many bad bargains, he gathered together a fair [1] sum. He packed spare clothing, borrowed a shield and restored his battered helmet as best as he could.

□ accomplish 완수하다, 해내다	□ relation 친척
□ rest 휴식을 취하다	□ accompany …와 동행하다
□ wall up (벽처럼 입구·창문 등)을 막아 버리다	□ governor 총독
□ plaster (벽 등)에 회반죽을 바르다	□ set about ...ing …하기를 시작하다
□ enquire about …에 대해 묻다	□ pawn (물건)을 전당포에 잡히다
□ whereabouts 소재, 행방	□ gather together …을 모으다
□ content 내용물	□ fair sum 상당한 금액
	□ battered 두들겨 망가뜨려진

1 **make a bad bargain** 밑지다
He sold some things and pawned others and although he made many bad bargains, he gathered together a fair sum.
비록 밑지기는 했지만 물건들을 팔거나 저당 잡히면서 그는 상당한 돈을 모았다.

Don Quixote told his squire Sancho the day and hour they were to leave. He reminded him that it was most important that he remembered the saddlebags. Sancho said he would, and that he also meant to take a very good donkey he had because he did not much like [1] walking. Don Quixote hesitated a little about the donkey, trying to remember a knight-errant who had a squire riding on a donkey. He couldn't think of one, but he decided to take him anyway. So one night, without saying goodbye to anyone, the two men set forth.

Sancho rode on his donkey with his saddlebags and wineskin, dreaming of soon becoming the governor of the island his master had promised him. They traveled so far that by daylight they were certain they would not be found.

Don Quixote decided to take the same route he had taken on his first journey across the Campo de Montiel. It was early morning and the heat did not distress him as much as last time.

□ saddlebag 안장에 다는 주머니
□ mean to + 동사원형 …할 생각이다
  (mean-meant-meant)
□ wineskin 포도주 담는 가죽 부대
  (= winebag)
□ by daylight 날이 밝을 때쯤

1 **not much like ...ing** ···하는 것을 별로 좋아하지 않다
Sancho said that he also meant to take a very good donkey he
had because he did not much like walking.
산초는 자신은 걷는 것을 별로 좋아하지 않으니 자기가 갖고 있는 훌륭한 당나귀 한 마리도
데려갈 생각이라고 말했다.

At midday, Don Quixote and Sancho came in sight [1] of thirty or forty windmills, and as soon as Don Quixote saw them he said to his squire, "Fortune is on our side, Sancho. Look, there are thirty or more monstrous giants waiting for us. I will engage in battle with them and slay them all. With their treasure we will make our fortunes. And God will be pleased that we have destroyed those evil giants."

"What giants?" said Sancho.

"Those over there with the long arms," said Don Quixote.

"They are windmills, not giants," said Sancho. "And what seem to be their arms are the sails turned by the wind."

"You know nothing of knights and these kinds of adventures," said Don Quixote, digging his spurs into Rocinante's side. "Those are giants. If you are afraid, you should pray while I engage them in combat."

He raced toward the windmills as Sancho continued to cry out warnings. But Don Quixote neither heard the cries of Sancho, nor saw what the giants really were. He rode up to the windmills, shouting, "Don't flee, you vile cowards, for a single knight attacks you."

□ at midday 정오 때쯤
□ be on one's side …의 편이다
□ monstrous 괴물 같은
□ engage in battle with …와 싸우다
□ make one's fortune 재산을 모으다

□ dig one's spurs into …에 박차를 가하다
□ engage ... in combat …와 싸우다
□ neither A nor B A도 B도 아닌(않은)
□ flee 도망치다

---

1 **come in sight of** 눈에 …가 들어오다
At midday, Don Quixote and Sancho came in sight of thirty or forty windmills. 정오 때쯤, 돈키호테와 산초의 눈에 30~40대의 풍차가 들어왔다.

A slight breeze sprang up and the great sails began to move. Seeing this, Don Quixote exclaimed, "Though you have more arms than the giant Briareus, I will defeat you." Then, imploring his lady Dulcinea to support him, he charged at a full gallop.

With his lance extended, and covered by his shield, he attacked the first mill he reached. But as he drove his lance point into the sail, the wind whirled it around with such force that it broke the lance to pieces. The sail continued on, sending the horse and rider rolling over onto the plain. Sancho hurried to his assistance and found Don Quixote shocked and unable to move.

"God bless me," said Sancho, "I told you they were only windmills!"

"Be quiet my friend," replied Don Quixote. "The truth is that Friston, who carried off my study and books, has turned these giants into windmills. He wishes to rob me of the glory of vanquishing them, but in the end his wicked arts will fail against my sword." "하느님의 뜻대로 되겠죠."라는 뜻이에요.

"God's will be done," replied Sancho Panza.

❓ Don Quixote believes that Friston has
ㄴ turned the giants into _____ .

정답 windmills

- □ spring up 갑자기 솟아오르다
- □ defeat 패배시키다
- □ implore + 목적어(A) + to + 동사원형(B)
  A에게 B하라고 간청하다
- □ charge 돌격(공격)하다
- □ at a full gallop (말이 낼 수 있는)
  전속력으로
- □ extend 뻗다, 내밀다
- □ lance point 창 끝

- □ whirl ... around …을 빙글빙글
  돌리다
- □ break ... to pieces …을 조각
  조각 내다
- □ hurry to one's assistance
  …을 도우러 급히 가다
- □ vanquish 정복하다
- □ fail against …앞에서 실패하다

Sancho helped the knight to mount Rocinante, whose shoulder seemed to be partly dislocated.

"Straighten yourself a little, for you seem bent over to one side maybe from the fall," said Sancho.

"That is true," said Don Quixote, "I make no complaint of the pain because knights-errant are not permitted to complain of any wound, even if their bowels are coming out through it."

"If that is so," said Sancho, "I must accept it. But God knows I would rather you complained when [1] anything hurt you. Personally, I hope this rule about not complaining does not apply to the squires of knights-errant."

Don Quixote could not help laughing at his squire's [2] simplicity. He assured him that he could complain as [3] much as he liked.

---

[1] **would rather + 주어(A) + 과거형 동사(B)** A가 B하는 게 좋다고 생각하다
I would rather you complained when anything hurt you.
저는 나리께서 어디가 아프시면 아프다고 말씀을 하시는 게 좋다고 생각해요.

[2] **cannot help ...ing** …하지 않을 수 없다
Don Quixote could not help laughing at his squire's simplicity.
돈키호테는 하인의 순진함에 웃지 않을 수 없었다.

[3] **assure + 목적어(A) + (that)절(B)** A에게 B를 분명히 말해주다〔확신시키다〕
He assured him that he could complain as much as he liked.
그는 하인에게 아프면 얼마든지 아프다고 해도 된다고 분명히 말해주었다.

Sancho asked him if he was hungry but Don Quixote wanted nothing just then. So Sancho settled himself as comfortably as he could on his donkey, took some cold mutton from his saddlebag and ambled along behind his master eating slowly. From time to time, he took a long drink from his wineskin.

□ partly 부분적으로
□ dislocated (뼈가) 탈구된
□ straighten oneself 몸을 펴다
□ bent over to one side 한쪽으로 기울어진
□ make no complaint of (고통·병)을 하소연하지 않다
□ be not permitted to + 동사원형 …하는 것이 허용되지 않다
□ bowel 창자
□ come out 나오다, 빠지다
□ personally 개인적인 의견을 말하자면
□ apply to …에 적용되다

□ simplicity 순진함
□ settle oneself 자리를 잡다
□ mutton 양고기
□ amble along 한가롭게(느긋하게) 걷다

Finally Don Quixote and Sancho passed the night among some trees. Don Quixote broke a dry branch from one of them to serve as a lance; his own having been broken when battling windmills. All that night Don Quixote lay awake thinking of his lady Dulcinea.

Sancho's stomach was full and he slept like a log. If his master had not called him, neither the rays of the sun beating on his face nor all the sound of birds welcoming the day would have woken him. On [1] rising, he tried the wineskin and found it almost empty, which grieved him deeply.

They returned on the road leading to Puerto Lapice and in midafternoon they came in sight of it.

"Here we are certain to have many adventures," said Don Quixote. "But you must not take up your sword in my defense unless those who assail me are rabble. If they are knights you are not permitted by the laws of knighthood to help me. Only a knight may fight a knight."

□ serve as …의 역할을 하다
□ battle …와 싸우다
□ sleep like a log 세상모르고 잘 자다
□ grieve 몹시 슬프게 하다
□ be certain to + 동사원형 …임을 확신하다

□ assail …에게 공격을 가하다
□ when it comes to …에 관해서라면
□ divine 신의, 신성한
□ defend oneself against …에 맞서 자신을 방어하다
□ assailant 공격을 가한 사람

"Most certainly, Senor," replied Sancho, "I will obey you in this matter because I dislike trouble and quarrels. But when it comes to self defense, both human and divine laws allow each person to defend himself against any assailant."

1 **on ...ing** ···하자마자
On rising, he tried the wineskin and found it almost empty, which grieved him deeply.
일어나자마자 그는 포도주 부대에 손을 대었지만 거의 빈 것을 알고는 몹시 슬퍼졌다.

Check-up Time!

● **WORDS**

퍼즐의 빈칸에 들어갈 알맞은 철자를 써서 단어를 완성하세요.

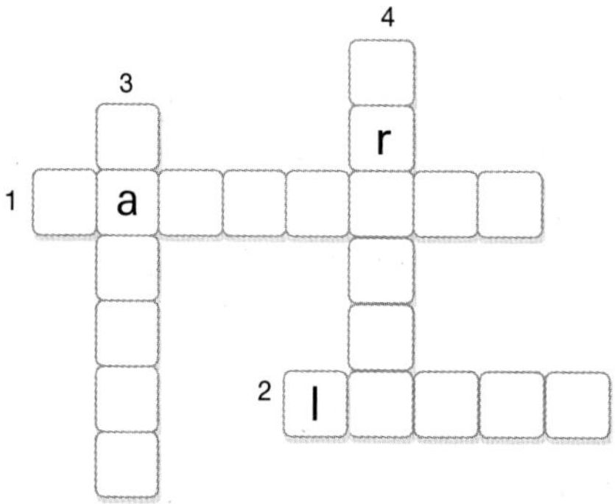

Across

1. 정복하다
2. 겨누다

Down

3. 왁자지껄한 무리, 폭도
4. 굴레

● **STRUCTURE**

괄호 안의 단어를 어법에 맞게 배열해 문장을 완성하세요.

1 They wished to learn why such a confession ________ ________ ________ them. (demanded, was, of)

2 She distills nothing of the kind, ________ ________ ________ one-eyed. (nor, she, is)

3 As ________ ________ ________ ________, a neighbor saw him stretched out and came up to him. (would, chance, it, have)

ANSWERS

Words | 1. vanquish 2. level 3. rabble 4. bridle
Structure | 1. was demanded of 2. nor is she
3. chance would have it

다음은 누가 한 말일까요? 기호를 써넣으세요.

a.
Don Quixote

b.
Curate

c.
Sancho

1 "Tomorrow these books will be burned." _____

2 "Only a knight may fight a knight." _____

3 "Straighten yourself a little, for you seem bent over to one side." _____

● SUMMARY

빈칸에 맞는 말을 골라 이야기를 완성하세요.

After being dubbed a knight, Don Quixote met some (   ) and muleteers on his way home. Don Quixote demanded they confess that there was no maiden fairer than Dulcinea of Toboso. But he was beaten by one muleteer. A (   ) recognized him and took him to his house. He remained at home and made a neighbor, Sancho, his (   ). One night they set forth and at midday seeing windmills, Don Quixote attacked them, thinking them (   ).

a. merchants   b. squire   c. giants   d. peasant

ANSWERS

Comprehension | 1. b   2. a   3. c   Summary | a, d, b, c

CHAPTER 4

Friars and Sheep

수도사와 양 떼

While Don Quixote and Sancho were talking, there appeared on the road two friars of the order of St. Benedict. They were mounted on mules and carried sunshades. With them were two muleteers on foot. Behind the friars came a coach attended by four or five persons, also mounted on mules. In the coach was a lady who was on her way to Seville, where her husband was about to take passage for the Indies[*] the Indies는 중남미를 가리킨 다니다. with an appointment of high honor. The friars, although traveling on the same road, were not with her.

But the moment Don Quixote saw them he said to his squire, "This is going to be the most famous adventure that has ever been seen. Those men dressed in black are magicians who are abducting a princess in that coach. I must save her."

"This will be worse than the windmills," said Sancho. "Look, Senor, those are friars of St. Benedict and the coach obviously belongs to some travelers. Don't let the devil mislead you."

"I have told you already, Sancho," replied Don Quixote, "that on the subject of adventures you know little. You will soon see that I speak the truth." He advanced and stopped in the middle of the road.

□ friar 수도사
□ order 수도회, 수녀회
□ attended by …을 거느린
□ take passage for
    (바다나 하늘)로 여행[항해]하다
□ appointment 임명
□ high honor 높은 지위
□ abduct 납치[유괴]하다
□ advance 다가가다

"Devilish and unnatural beings," cried Don Quixote
as the friars neared, "you must immediately release the
princess that you have abducted. Otherwise, prepare to
meet a speedy death as punishment for your evil deeds."

The friars stopped their mules and wondered at the
appearance and words of Don Quixote.

"Senor," said one, "we are two brothers of St. Benedict
following the road. We don't know if there is a captive
princess in that coach."

"You are lying rabble," said Don Quixote.

1 **take off at speed** 급히 도망치다
The muleteers took off at speed in the same direction.
노새 몰이꾼들은 같은 방향으로 급히 도망쳤다.

Without waiting for a reply, he spurred Rocinante toward the first friar with fury and determination. The friar flung himself off the mule just in time to avoid serious injury. Seeing this, the second friar spurred his mule and rode off faster than the wind.

Sancho dismounted and began to strip off the fallen friar's gown. The friars' muleteers came up and asked what he was doing. Sancho answered that the gown was his lawful plunder from the battle that his lord had won. The muleteers knocked Sancho down and kicked him until he was senseless. Then they helped the terrified friar back on to his mule. He immediately spurred his mule and chased after his companion, who was watching from a distance. Then they continued their journey, crossing themselves repeatedly as if the devil were after them. The muleteers took off at speed [1] in the same direction.

□ devilish 악마 같은
□ unnatural 잔인무도한, 사악한
□ release 풀어 주다
□ as (a) punishment for ···에 대한 벌로서
□ captive 사로잡힌, 포로의
□ spur ···에 박차를 가하다
□ with fury and determination 분노에 차서 결연히

□ just in time to + 동사원형 ···하는 시간에 딱 맞춰
□ ride off (말을 타고) 가버리다 (ride - rode - ridden)
□ strip off ···의 옷을 벗기다
□ plunder (전시 등의) 약탈품
□ knock ... down ···을 쓰러뜨리다
□ senseless 의식을 잃은
□ chase after ···을 추적하다
□ cross oneself 가슴에 십자를 긋다

Meanwhile, Don Quixote was speaking to the lady
in the coach.

"Dear lady," he said, "the leader of your abductors
has been defeated. You are free. I am Don Quixote of
La Mancha. In return for my service to you, I only ask
that you return to Toboso and tell the lady Dulcinea
what I have done to set you free."

One of the squires in attendance upon the coach, [1] a Basque, was listening and heard Don Quixote say that the coach must return at once to Toboso. He seized his lance and told Don Quixote to go. Don Quixote refused and called the Basque a coward.

The Basque challenged him, so Don Quixote drew his sword, held his shield on his arm, and attacked the Basque. They fought one another as if they were mortal enemies. The Basque struck Don Quixote a [2] mighty blow on the shoulder. It would have cut him open to the waist if he had not been wearing armor, but it took away a piece of his helmet along with half of his ear.

□ abductor 납치범, 유괴범
□ in return for ···에 대한 대가로
□ challenge ···에 도전하다; 도전
□ draw 빼들다

□ mortal enemy 철천지원수
□ cut ... open to the waist ···의
  허리까지 절개하다
□ take away ···을 없애다

1 **in attendance upon(on)** ···을 호위(수행)하는
  One of the squires in attendance upon the coach, a Basque, was listening.
  마차를 호위하던 하인들 중에 바스크 출신 한 명이 귀를 기울이고 있었다.

2 **strike A a mighty blow on B** A의 B를 세게 내리치다
  The Basque struck Don Quixote a mighty blow on the shoulder.
  바스크인은 돈키호테의 어깨를 세게 내리쳤다.

Don Quixote grasped his sword with both hands and struck the Basque with great fury on his head. The Basque began to bleed from his nose, ears, and mouth and fell backward off his mule. Don Quixote leapt from his horse and ran to him. He ordered him to surrender, or he would cut off his head. The Basque was so bewildered that he was unable to answer. The lady leapt from the coach and hastened to Don Quixote, begging him to spare the squire's life. Don Quixote replied with much pride and dignity, "I shall* do him no more harm, although he deserves it."

* I shall은 심사숙고 끝에 내린 강한 결의를 나타냅니다.

When Sancho saw that his master was returning to mount Rocinante, he approached to hold the stirrup for him. Then he went down on his knees before him, and taking his hand, kissed it saying, "Will you now give me the governorship of that island which has been won in this hard fight?"

Don Quixote replied, "This adventure is not one that wins islands. Have patience, for adventures will come from which I may make you not only a governor, but [1] something more."

Sancho thanked him and he tended to his wounded ear before helping him mount Rocinante. Then he mounted his donkey and followed his master, who left without saying anything further to the lady in the coach.

- ☐ grasp 잡다
- ☐ leap 뛰다 (leap-leapt-leapt)
- ☐ surrender 항복하다
- ☐ bewildered 당황하여
- ☐ hasten to …에게 급히 가다
- ☐ with dignity 위엄을 갖추어
- ☐ do ... harm …에게 해를 끼치다
- ☐ deserve …을 받을 만하다
- ☐ go down on one's knees 무릎꿇다
- ☐ governorship 총독직
- ☐ tend to …을 돌보다

1 **not only A but (also) B** A뿐 아니라 B도
Have patience, for adventures will come from which I may make you not only a governor, but something more.
참고 기다리게나, 자네를 총독뿐 아니라 그보다 더한 자리도 만들어 줄 모험들이 찾아올 테니까.

Soon, Don Quixote saw a large, thick cloud of dust coming toward them along the road they were traveling. When he saw it he turned to Sancho and said, "This is the day, Sancho, when Destiny will reveal my good fortune. Do you see that cloud of dust rising? It is churned up by a vast army that is marching [1] toward us."

"Well, there must be two armies," said Sancho, "because another cloud of dust rises behind us."

Don Quixote turned and found that it was true. He was filled with joy, thinking that they were two armies about to engage in battle.

In fact, the clouds of dust he saw were raised by two great flocks of sheep coming along the same road in opposite directions. But because of the dust, the sheep could not be seen until they came very close. Don Quixote was so certain they were armies that Sancho believed him and asked what they should do.

"We must defend and protect the weak and helpless," said Don Quixote. "The army in front of us is led by the mighty emperor Alifanfaron, lord of the great island of Trapobana. The army behind us is that of his enemy, Pentapolin."

"But why do these two gentlemen hate each other so much?" asked Sancho.

"They hate each other because Alifanfaron is in love with Pentapolin's daughter. Pentapolin does not wish to give her to Alifanfaron unless he abandons the religion of Mohammed and turns to Christianity," said Don Quixote.

□ cloud of dust 먼지 구름
□ travel (특정 거리·속도)를 가다[이동하다]
□ Destiny 운명의 신
□ reveal 드러내다
□ good fortune 행운
□ flock 떼, 무리
□ in opposite directions 서로 반대 방향에서

□ protect 보호하다
□ the weak and helpless 약하고 힘없는 사람들
□ mighty emperor 위대한 황제
□ abandon 포기하다, 버리다
□ turn to Christianity 기독교에 귀의하다

1 **be churned up by** (먼지·물 등이) …에 의해 일으켜지다[휘저어지다]
It is churned up by a vast army that is marching toward us.
저 먼지 구름은 우리를 향해 진격해 오는 대군에 의해 일으켜진 것일세.

Mini-Less☼n

명사를 반복하지 말고 that을 쓰세요!

The army behind us is that of his enemy, Pentapolin.(우리 뒤에 오고 있는 군대는 그의 적인 펜타폴린의 군대야.)에서 that은 앞서 말한 명사의 반복을 피하기 위해 쓰인 지시대명사로 the army 대신 쓰였답니다.

• His voice is similar to that(= the voice) of Brad Pitt.
그의 목소리는 브레드 피트의 목소리와 비슷하다.

Don Quixote and Sancho rode to the top of the hillock, where the clouds of dust could be plainly seen. Nothing but dust was visible yet, but as usual Don Quixote saw what was not there.

"That knight you see there in gold armor is the valiant Laurcalco. The one in armor with flowers of gold is Micocolembo. And the one on his right with the gigantic arms and legs is the fearless Brandabarbaran de Boliche."

And he went on naming many knights of one army or the other. So absorbed was he in his imagination that he [1] described everything in detail. Sancho listened to every word without speaking. He looked in vain for the knights and giants and told his master that he could not see them.

"What prevents you from seeing or hearing correctly is fear. It clouds the senses and makes things appear different from what they are. If you are frightened, withdraw somewhere and leave me alone," said Don Quixote.

□ hillock 작은 언덕
□ nothing but 오직(= only)
□ visible 눈에 보이는
□ valiant 용감한
□ go on ...ing 계속 …하다
□ cloud 흐리게 만들다

□ different from …와 다른
□ withdraw 물러서다
□ slope 경사지, 산비탈
□ like a flash of lightning 번개처럼, 전광석화와 같이
□ shout after …뒤에 대고 소리를 지르다

Then he spurred Rocinante and rode down the slope
like a flash of lightning.

Sancho shouted after him, "Come back, Senor. You
are charging sheep! Come back! What madness is this?
What are you doing?"

But Don Quixote didn't hear him. He rode into the
middle of the flock of sheep and began to attack them
with his lance.

---

1 **be absorbed in** ···에 빠지다 (심취하다)
So absorbed was he in his imagination that he described
everything in detail. (강조를 위해 so absorbed가 문두에 온 도치 문장)
그는 상상 속에 너무나 빠져 있었기 때문에 모든 것을 자세히 묘사했다.

The shepherds came running, shouting for him to
stop. This had no effect, so they took out their slings
and began to fire stones as big as fists at his ears.
Ignoring the stones, Don Quixote rode back and forth,
crying, "Where are you, Alifanfaron? Come to me.
I wish to test your strength and take your life as a
penalty for the wrong you have done to Pentapolin."

At that moment a flying stone struck him in the ribs.
The blow was so sharp that he imagined himself dead
or badly wounded. Remembering his magic potion he
drew out his flask and put it to his mouth. But before
he had succeeded in swallowing much, there came
another stone! It knocked three or four teeth out of his
mouth and smashed two of his fingers. The force of
the blow also knocked him off his horse.

The shepherds came running and thought they had killed him. So they quickly collected their flock together, picked up the dead animals and left immediately. When Sancho saw that the shepherds had gone, he ran down the slope to him and found Don Quixote badly injured although not unconscious.

"Senor, I said it wasn't armies you were attacking but flocks of sheep," he cried.

□ have no effect 효과가 없다
□ sling 새총
□ fire A at B B를 향해 A를 발사하다
□ fist 주먹
□ as a penalty for …에 대한 벌로서
□ badly wounded 심하게 다친
  (= badly injured)
□ magic potion 마법의 물약

□ draw out …을 꺼내다
□ flask 휴대용 술병
□ succeed in ...ing …하는 데 성공하다
□ swallow 삼키다
□ smash 박살내다
□ knock A off B A를 쳐서 B에서
  떨어뜨리다
□ unconscious 의식이 없는

"You should know that it is very easy for magicians to make us believe what they choose," said Don Quixote. "This villain has turned the armies into flocks of sheep. If you do not believe me, follow them. Then you will see that they cease to be sheep and become men. But don't go yet! I need your help. Tell me how many of my teeth I have lost. It feels as if there are none left in [1] my mouth."

Sancho came so close that his eyes were almost in his master's mouth. Just at that moment the potion took effect in the stomach of Don Quixote and he discharged all its contents with more force than a cannon being fired. All of it hit his squire in the face. Sancho was so disgusted by this that he vomited all over his master.

Sancho ran quickly to his donkey to find something with which to clean himself and heal his master. But when he found his saddlebags were missing, he almost lost his mind.

□ cease to + 동사원형 …하기를 멈추다
□ take effect 효과가 나타나다
□ discharge 방출하다
□ be disgusted by …로 매쓰꺼워지다
□ vomit 토하다
□ lose one's mind 미치다
□ contain …을 가지다, …이 들어 있다
□ valuables 귀중품
□ sardine 정어리
□ in one's service …을 섬기어, …에 봉사하여
□ fail 실망시키다, …의 기대를 저버리다

"They contained my valuables, medicines and all our food," said Sancho.

"Well," said Don Quixote, "I would rather have a loaf [2] of bread and a couple of sardines than anything else. Nevertheless, mount your beast and follow me. Because we work so hard in his service, God will not fail us."

"Whatever you say," said Sancho, "but let us find a place to spend the night."

That night they slept under the stars and awoke hungry.

---

1 **it feels as if**절 마치 …처럼 느껴지다, …같은 느낌이 들다
It feels as if there are none left in my mouth.
마치 입에 이가 하나도 남지 않은 것처럼 느껴지는구나.

2 **would rather have A than B** B보다 A를 먹고 (가지고) 싶다
I would rather have a loaf of bread and a couple of sardines than anything else.
나는 다른 그 무엇보다 빵 한 덩어리와 정어리 두어 마리를 먹고 싶구나.

Check-up Time!

● WORDS

빈칸에 알맞은 단어를 고르세요.

1 Don Quixote _____ from his horse and ran to him.
   a. deserved   b. tended   c. leapt

2 He spurred Rocinante with _____ and determination.
   a. fury   b. friar   c. abductor

3 He _____ the religion of Mohammed and turns to Christianity.
   a. charges   b. abandons   c. surrenders

● STRUCTURE

괄호 안의 두 단어 중 알맞은 단어를 골라 문장을 완성하세요.

1 He was much absorbed (of / in) his imagination.

2 They took off (at / in) speed in the same direction.

3 I will make you not only a governor, (but / and) something more.

4 On the top of the hillock, nothing (but / only) dust was visible yet.

5 In return (of / for) my service to you, I only ask you to return to Toboso.

ANSWERS

Words | 1. c   2. a   3. b
Structure | 1. in   2. at   3. but   4. but   5. for

본문의 내용과 일치하면 T에, 일치하지 않으면 F에 표시하세요.

		T	F
1	The lady was on her way to Seville.	☐	☐
2	A flying stone struck Don Quixote in the ribs.	☐	☐
3	The Basque took away half of Don Quixote's nose.	☐	☐
4	Sancho succeeded in taking the plunder from the battle.	☐	☐

● SUMMARY

빈칸에 맞는 말을 골라 이야기를 완성하세요.

Don Quixote saw two friars and a lady in a coach. To Don Quixote the lady seemed to be a princess (   ) by the magicians. So he ordered the friars to release the princess and they fled. Then he attacked one of the (   ) in attendance upon the coach and (   ) his life when the lady begged him to. Soon Don Quixote saw two flocks of sheep and attacked them, mistaking them as two armies. But he was badly wounded by the shepherds' slings and lost some of his (   ).

a. squires   b. spared

c. teeth   d. abducted

The Cave of Montesinos

몬테시노스 동굴

Don Quixote had a great desire to enter the Cave of Montesinos in the heart of La Mancha and see with his own eyes if the wonderful tales about it were true. So Don Quixote and Sancho bought about a hundred fathoms of rope and next day they arrived at the cave.

Sancho tied one end of the rope firmly around Don Quixote's chest. Then Don Quixote kneeled and quietly prayed to God to grant him success in this perilous adventure.

Next, he said aloud, "Oh, my peerless Dulcinea of Toboso. I need your favor and protection now as I hurl myself into the abyss before me. While you favor me, I can accomplish anything."

He arose and while Sancho gradually let out the rope, he lowered himself into the fearful abyss. As he entered, Sancho sent his blessing after him, making the sign of a thousand crosses over him, saying, "May God send ※ you back unhurt to the light of this world!"

- □ heart 심장부
- □ fathom 패덤(깊이 측정 단위로 1.8미터)
- □ grant A B A에게 B를 허락하다〔들어주다〕
- □ perilous 위험한
- □ peerless 비길 데 없는
- □ favor 호의; …에게 은혜를 베풀다
- □ hurl oneself into …안으로 몸을 던지다
- □ abyss 심연
- □ let out …을 밖으로 내보내다, 풀어 내다
- □ blessing 축복의 기도

Mini-Lesson

May + 주어 + 동사원형: (기원문) 원컨대 …하여 주시옵기를, …하옵소서

- May God send you back unhurt to the light of this world!
  원컨대 하느님이 나리를 이 세상의 빛으로 무사히 보내 주시옵기를!
- May you rest in peace. 편히 잠드옵소서.

Don Quixote kept calling out for more rope, and Sancho gave it out slowly until he had let out the hundred fathoms of rope. He waited for about half an hour before beginning to gather in the rope again. When he had pulled in about twenty fathoms he felt a weight, which delighted him. When ten fathoms were left Sancho saw Don Quixote and called out to him, saying, "Welcome back, Senor. I thought you were going to stay down there and start a family."

Don Quixote did not say a word and Sancho saw that his eyes were shut.

Sancho untied him and shook him until he finally opened his eyes and stretched as if awakening from ☀ a deep sleep.

Looking around him he said sorrowfully, "May God forgive you, for you have taken me away from the most delightful sights that any human has ever seen. Now I know that all the pleasures of this life pass away like a dream!"

Sancho begged Don Quixote to explain what he had seen in that hell.

"Do not call by such a name," said Don Quixote, "for it does not deserve the name, as you shall soon see." [1]

☐ call out for …을 달라고 외치다
☐ give ... out …을 내주다
☐ gather in …을 거두어들이다

☐ pull in …을 끌어당기다
☐ delight 기쁘게 하다
☐ pass away (시간이) 지나가다, 흐르다

---

[1] **you shall** 자네가 …하도록 (하게) 하겠다
You shall soon see. 자네가 곧 알도록 하겠네.

Mini-Less☀n

See p. 137

주어 + be동사의 생략

He finally opened his eyes and stretched as if awakening from a deep sleep. (돈키호테는 마침내 눈을 뜨더니 마치 깊은 잠에서 깨어나는 것처럼 기지개를 켰다.)에서 as if 다음에는 he was가 생략되었어요. be동사 자체에는 별다른 의미가 없기 때문에 주어와 함께 생략되기 쉽답니다.

• What should I see while (I am) in Houston? 내가 휴스턴에 있는 동안 무엇을 구경해야 할까?

Then Don Quixote began as follows:

Listen to me carefully. About twelve times a man's [1] height down on the right-hand side, there is a large space. A small amount of light comes in through some crevices. I decided to enter this space and rest for a while. As I was thinking about how to achieve my aim, I was suddenly overcome by sleep. Then I awoke and found myself in the most beautiful meadow that nature or the liveliest imagination could create. I rubbed my eyes to make sure I was not asleep. Then a stately royal palace appeared before me with walls that were built of clear crystal. Two large doors opened wide and I saw a wise old man advancing toward me. He was dressed in a long purple cloak that trailed on the ground. His snow-white beard fell below his belt and he carried a rosary of beads in his hands.

He came up to me, and the first thing he did was to embrace me closely.

- □ crevice (바위 등의) 갈라진 틈
- □ be overcome by …에 맥을 못추다
- □ meadow 초원, 목초지
- □ make sure +(that)절 …임을 확인하다
- □ stately 위풍당당한, 위엄 있는
- □ clear 투명한, 맑은
- □ cloak 망토
- □ trail (땅에 대고) 끌리다
- □ rosary of beads 묵주

배수(**A**)＋명사(**B**) B의 A배

About twelve times a man's height
down on the right-hand side, there
is a large space.
동굴 오른편 사람 키의 **12**배 정도 밑으로 넓은
공간이 있네.

Then the old man said to me, "For many long years, Don Quixote, we who live here have waited to see you, so that you could tell the world what is shut up and concealed in this deep cave. Only you, with your invincible heart and wondrous courage could have entered it. Come with me. Let me show you the marvels hidden within this transparent palace, of which I am the perpetual guardian. I am Montesinos, from whom the cave takes its name."

The instant he told me he was Montesinos, I asked him if the story they told in the world above here was true, that he had cut out the heart of his great friend✲ Durandarte, and carried it to the lady Belerma. He replied that everything was true in every respect. And then he led me into a lower chamber of the palace of crystal. It was strangely cool and made entirely of alabaster. There was an elaborately carved marble tomb with a knight, stretched at full length on the top. It was not a carving but a real knight of flesh and bone. His right hand lay over his heart.

---

1 **how comes it that ...?** 어째서 (왜) …인가요? (= how come ... ?)
He died, but how comes it that he now moans and sighs from time to time, as if he were still alive?
그는 죽었는데, 어째서 여전히 살아있는 것처럼 가끔씩 신음을 하고 한숨을 쉬는가요?

Montesinos said, "This is my friend Durandarte. He is held enchanted here, as am I and many others, by the French enchanter, Merlin. How or why he enchanted us, no one knows, but time will tell, and I suspect that time is not far off. Durandarte ended his life in my arms and after his death I cut out his heart with my own hands. I know that he died, but how comes it [1] that he now moans and sighs from time to time, as if he were still alive?"

□ be shut up 가두어지다, 유폐되다
□ conceal 숨기다
□ invincible 천하무적의, 정복당하지 않는
□ marvel (주로 복수형으로) 경이로운 결과
□ transparent 투명한
□ perpetual 종신의
□ the instant + 절 …하자마자
□ in every respect 모든 점에서
□ be made of …로 이루어지다

□ alabaster 설화석고
□ elaborately 정교하게
□ carved 조각된
□ stretched (팔다리가) 쭉 펴진
□ at full length 길게
□ carving 조각품
□ flesh and bone 살과 뼈
□ far off (시간상) 아득히 먼
□ moan 신음하다

Mini-Lesson

동격의 명사와 떨어진 동격절

I asked him if the story they told in the world above here was true, that he had cut out the heart of his great friend Durandarte.(나는 여기 지상의 사람들이 하는 이야기 즉, 그가 자신의 위대한 친구인 두란다르테의 심장을 도려낸 게 사실이냐고 물었네.)에서 that절은 story를 받는 동격절이지만, 동격의 명사와 떨어져 있어요.

• There is no possibility in his statement that the book he wrote may have any truth in it. 그가 하는 말에 비추어 보건데, 그가 쓴 책에 진실성이 있을 가능성은 없다.

As Montesinos said this, Durandarte cried out in a loud voice:

"Oh cousin Montesinos!
It was my last request,
That when lying dead I be,
You cut the heart from out my breast,
And bear it to Belerma!"

At this, Montesinos fell on his knees before the knight, and explained how he had done exactly as requested.

Then he went on, "Many of your relatives and friends have been enchanted and imprisoned here by the magician Merlin, and although more than five hundred years have gone by, not one of us has died. Ruidera and her daughters and nieces wept so much that Merlin took pity on them and transformed them into lakes. And now, in the province of La Mancha, they are called the Lakes of Ruidera. Now I must tell you some happy news. Standing before you is the famous knight about whom Merlin prophesied such great things. Don Quixote of La Mancha is his name. He may break the spell over us."

Durandarte acknowledged Montesinos's words before turning over on his side and falling silent. [1]

□ bear A to B A를 B에게 가지고 가다
□ be imprisoned 갇히다, 투옥되다
□ weep 울다 (weep-wept-wept)
□ take pity on …을 불쌍히 여기다
□ transform A into B A를 B로 바꾸다

□ province 지방
□ prophesy 예언하다 (prophesy-prophesied-prophesied)
□ break the spell over …에게 걸려 있는 마력을 풀다

---

[1] **turn over on one's side** 옆으로 돌아눕다
Durandarte acknowledged Montesinos's words before turning over on his side and falling silent.
두란다르테는 몬테시노스의 말을 수긍한 후 옆으로 돌아눕더니 침묵을 지켰다네.

At this point I heard a great weeping and wailing and looked around. Through the crystal wall I saw a procession of two lines of damsels all clad in mourning. At the rear of these two lines was a lady, also dressed in black, with a white veil so long that it brushed the ground. Her eyebrows met in the middle, her nose was flat and her mouth was large and red. She carried in her hands a fine cloth and in it was a mummified heart. Montesinos told me that the women were the servants of Durandarte and Belerma and the woman who carried the heart was the lady Belerma.

He said that her sallow complexion and ugliness were caused by grief for her lost lover. If it were not for this, [1] the great Dulcinea of Toboso would barely equal her beauty, grace, and charm.

"Stop right there, Senor Don Montesinos," I said then, "you know very well that all comparisons are odious, and there is no reason to compare one person with another. The peerless Dulcinea of Toboso is what she is, and the lady Dona* Belerma is what she is." '···부인'의 뜻으로 스페인에서 부인 앞에 붙이는 호칭이랍니다.

Montesinos apologized and my heart quickly recovered from the shock of hearing my lady compared with Belerma.

□ weeping and wailing 눈물을 흘리고 슬피 우는 소리
□ procession 행렬
□ mourning 상복
□ rear 뒤
□ brush 스치다
□ mummified 미라가 된
□ sallow 안색이 누르끼한, 병색이 있는

□ grief 비탄, 슬픔
□ barely 거의 ··· 아니게
□ equal ···와 맞먹다, ···에 대응[대적]하다
□ comparison 비교
□ odious 끔찍한, 혐오스러운
□ compare A with B A를 B에 비교하다
□ recover from ···로부터 회복되다

---

1 **if it were not for** (만약) ···만 아니라면(= but for)
   If it were not for this, the great Dulcinea of Toboso would barely equal her beauty, grace, and charm.
   이것만 아니라면 토보소의 위대한 둘시네아도 그녀의 아름다움과 우아함, 매력에 거의 대적하지 못할 것이라고 했네.

"But I cannot understand," remarked Sancho, "how you could have seen so many things, and said so much in the hour or so you were below."

"That cannot be," replied Don Quixote. "By my reckoning I have been three days in those remote regions."

"Forgive me, Senor," said Sancho, "if I don't believe a single thing you've said. But I don't believe you are lying. I believe that Merlin stuffed your mind with this story you have told, and the rest that you still have to tell."

"No, Sancho," replied Don Quixote, "everything that I have told you I saw with my own eyes. I saw Dulcinea of Toboso! And Queen Guinevere* was there, pouring wine for Lancelot.*" 기네비어는 아서왕 전설에 나오는 Arthur의 왕비이며, 랜슬럿은 원탁의 기사 중 한 명으로 왕비의 연인이랍니다.

"How did you recognize the lady Dulcinea?" asked Sancho. "And what did you say to her?"

□ cannot be …일 리가 없다
□ by one's reckoning …의 계산으로는
□ remote 멀리 떨어진
□ single 단 하나의
□ forgive me + if절 …하다면 용서하십시오
□ stuff A with B A를 B로 채우다

□ crossbow 석궁(중세 유럽에서 사용한, 쇠나 나무로 된 발사 장치가 달린 큰 활)
□ bolt (석궁의) 화살
□ overtake 앞지르다 (overtake- overtook-overtaken)
□ cavern 동굴

"She was wearing the same clothes she wore the last time I saw her," said Don Quixote. "I spoke to her, but she ran away at such a pace that crossbow bolt could not have overtaken her. I would have followed her but I did not because it was almost time for me to leave the cavern."

"Holy God!" shouted Sancho. "Is it possible that there are enchantments so strong that they have changed your good sense into madness? For God's sake, consider yourself and your honor and don't believe this nonsense."

"You talk this way because you love me, Sancho," said Don Quixote. "And you don't have much experience in this world so things that are unusual seem impossible to you. But time will pass, as I said before, and I will tell you some of the things I saw down there. They will make you believe that what I have told you now is the indisputable truth."

Then they both mounted their animals and followed the road that led directly to an inn. They planned to travel the next day to a jousting tournament in Barcelona.

☐ Holy God! 이런!
☐ good sense 양식, 분별
☐ for God's sake 제발, 부디
☐ consider …에 신경 쓰다(마음을 기울이다)
☐ honor 명예

☐ nonsense 터무니없는 소리
☐ indisputable 반론의 여지가 없는
☐ jousting tournament 마상 창시합
☐ calf 송아지(복수형은 calves)
☐ chick pea (완두품종) 병아리콩, 이집트콩

Don Quixote and Sancho reached the inn, and asked the landlord if they could stay there. The landlord said yes, and they dismounted. Sancho put his things in a room to which the landlord gave him the key. He took the animals to the stable, fed them, and came back to see what orders Don Quixote had for him. And he gave special thanks to Heaven that [1] this inn had not seemed like a castle to his master.

"What food can you offer us?" said Sancho to the landlord.

"What I have," said the landlord, "is a stew of calves' feet and chick peas, onions, and bacon."

"Then that's what we'll have!" cried Sancho.

(?) Who took the animals to the stable?
L a. The landlord　　b. Sancho
요점답 q

---

1 **give thanks to Heaven** 신에게 감사드리다
And he gave special thanks to Heaven that this inn had not seemed like a castle to his master.
그리고 산초는 이 여관이 자신의 주인에게 성으로 보이지 않는 것에 대해 신에게 특별히 감사드렸다.

The landlord soon returned with the stew, and Don Quixote and Sancho began to eat. Just then, they heard someone speaking in the next room.

"By heaven!" said a voice, "let us read another chapter of The Second Part of Don Quixote of La Mancha."

The instant Don Quixote heard his own name he started to his feet and went into the next room. He [1] found two men there who were reading a story about him. Don Quixote was astounded to discover that a chronicle of his adventures had been published, and sat down to discuss the book with them. The men were amazed by Don Quixote's absurdities, but they were equally amazed by the elegant style in which he said them. At one moment he seemed wise and sensible, [2] and at another he seemed to be a blockhead, but he was nothing like the absurd subject of the book.

And although the men wanted Don Quixote to read the book, he refused, saying it was too foolish to pick up. By the time he finally retired to his room, the two men were convinced that he was the genuine Don Quixote.

---

[1] **start to one's feet** 깜짝 놀라 일어서다
The instant Don Quixote heard his own name he started to his feet and went into the next room.
돈키호테는 자기 이름을 듣자마자 깜짝 놀라 일어서서 옆방으로 갔다.

- ☐ By heaven! 큰일났다!, 저런!
- ☐ be astounded to + 동사원형
  …하고서 놀라다
- ☐ chronicle 연대기, 기록, 이야기
- ☐ publish 출판〔발행〕하다
- ☐ be amazed by …에 몹시 놀라다
  〔경악을 금치 못하다〕

- ☐ absurdity 어리석은 태도〔짓〕
- ☐ elegant 우아한, 고상한
- ☐ sensible 분별〔양식〕 있는, 합리적인
- ☐ blockhead 멍청이, 바보
- ☐ nothing like 전혀 …같지 않은
- ☐ subject 대상, 주제
- ☐ genuine 진짜의

2 **at one moment ..., at another** 어떤 순간에는 …, 또 어떤 순간에는 ~

At one moment he seemed wise and sensible, and at another he
seemed to be a blockhead.

돈키호테는 어떤 순간에는 현명하고 분별이 있어 보였지만, 또 어떤 순간에는 바보처럼
보였다.

 # Check-up Time!

● **WORDS**

단어와 단어의 뜻을 서로 연결하세요.

1 abyss • • a. hazardous; dangerous

2 crevice • • b. a very deep hole in the ground

3 perilous • • c. having no equal; matchless

4 peerless • • d. a narrow crack or gap,
      especially in a rock

● **STRUCTURE**

빈칸에 알맞은 단어를 보기에서 골라 문장을 완성하세요.

on	with	into	in	at

1 He was stretched _____ full length.

2 Everything is true _____ every respect.

3 Don't compare one person _____ another.

4 The magician transformed them _____ lakes.

5 They wept so much that I took pity _____ them.

- COMPREHENSION

빈칸에 알맞은 답을 고르세요.

1 Sancho didn't believe what Don Quixote had told him because he thought that _____ had stuffed his master's mind with the story.

a. Merlin   b. Montesinos

2 In the inn, Don Quixote found two men who were reading a book of the adventures of Don Quixote and he _____ to read it.

a. agreed   b. refused

- SUMMARY

빈칸에 맞는 말을 골라 이야기를 완성하세요.

Don Quixote returned from the Cave of Montesinos and told Sancho great tales. He met an old man named Montesinos. He said that the story was true, that he cut out the ( ) of his friend Durandarte, and carried it to the lady ( ). He and many of Durandarte's relatives and friends were enchanted and imprisoned by the magician ( ) for more than five hundred years in the transparent ( ). He expected Don Quixote to break the spell over them.

a. heart   b. Merlin   c. Belerma   d. palace

ANSWERS

마상 창시합

Jousting Tournaments

Jousting was a sport in the Middle Ages, where mounted knights armed with lances charged at each other in an attempt to unseat their opponent. Tournaments in the Middle Ages were the equivalent of the sporting competitions we know today. Because it gave them the glory of fighting in peace time, jousting was enjoyed by kings, noblemen and knights. In jousting's early days, the loser would forfeit his horse to the winner but eventually, knights began competing for money. Traditionally, a knight would joust to impress a lady who was usually married and his social superior.

If interested, the lady would give him a favor, such as a hair ribbon or handkerchief, to display on his armor. From 1292, knights used blunt lances and had to abide by rules of chivalry. But jousting remained risky and it was not uncommon for a knight to break bones or die after a fall from his horse or a blow from a lance. In 1559, France banned jousting after King Henry II's death from wounds suffered while competing. Today, jousting is often the main attraction at Renaissance fairs in the USA.

jousting은 중세 시대 스포츠로, 긴 창으로 무장한 기사들이 달려들어 상대를 말에서 떨어뜨리는 마상 창시합이었습니다. 중세 시대의 토너먼트는 오늘날 우리가 알고 있는 경기 대전 방식인 승자진출전과 같은 것이었고요. 마상 창시합으로 기사들에겐 평화 시에도 격투를 할 수 있는 영광이 주어졌기에, 왕과 귀족, 기사들은 이 마상 창시합을 즐겼습니다. 초기에는 패자가 자신의 말을 승자에게 주었지만, 나중에는 기사들도 돈을 두고 경쟁하게 되었죠. 전통적으로 기사는 보통 결혼한 귀부인이나 자신보다 지체 높은 분을 위해 시합을 하곤 했습니다. 만약 귀부인도 관심이 있으면 갑옷 위에 꽂을 수 있는 헤어리본이나 손수건 같은 선물을 기사에게 주곤 했답니다. 1292년부터 기사들은 끝이 뭉툭한 창을 써야 했고, 기사도 규칙을 엄격히 지켜야 했습니다. 그러나 마상 창시합은 여전히 위험했으므로 기사가 뼈가 부러진다거나 말에서 떨어져서 혹은 창에 맞아서 죽는 일은 드물지 않았습니다. 1559년, 헨리 2세가 시합 도중 입은 부상으로 죽자 프랑스는 마상 창시합을 금지하게 됩니다. 오늘날, 마상 창시합은 미국 르네상스 축제에서 볼 수 있는 주요 볼거리랍니다.

CHAPTER 6

The Knight of the White Moon

하얀 달의 기사

Don Quixote and Sancho waited just outside Barcelona
for dawn to break. It was not long before it began to [1]
appear, bringing color to the grass and flowers. Then
dawn made way for the sun, which began to rise slowly
above horizon.

Don Quixote and Sancho gazed all around them. They
saw the ocean, a sight they had not seen before. It was
broad and vast and much larger than the lakes of Ruidera
in La Mancha.

□ **break** (동이) 트다, (날이) 밝다
□ **make way for** …에 길을 열어주다
□ **horizon** 수평선
□ **illustrious** 저명한, 걸출한
□ **achievement** 업적, 성취한 것

□ **come to one's attention** …의 주의를 끌다
□ **beat** 이기다 (= defeat)
□ **deed** 공적, 위업
□ **be transferred to** …에게 옮겨지다 (이전되다)

---

1 **It is not long + before절** 얼마 지나지 않아 …하다
It was not long before it began to appear, bringing color to the
grass and flowers.
얼마 지나지 않아 새벽이 밝아오며 풀과 꽃에 색을 가져다 주었다.

A knight in full armor with a shining moon painted on his shield approached them and said in a loud voice, "Illustrious knight, Don Quixote of La Mancha, I am the Knight of the White Moon, whose achievements have perhaps come to your attention. I come to make you acknowledge that my lady is much more beautiful than Dulcinea of Toboso. If you acknowledge this, you will escape death. Otherwise, if you fight with me and I beat you, I demand that you return to your own ☀ village and live in peace for one year. If you defeat me, my life will be at your mercy and the fame of my [2] deeds will be transferred and added to yours. I await your answer."

---

2 **be at one's mercy** …의 손에 맡겨지다 (마음대로 되다)
If you defeat me, my life will be at your mercy.
그대가 나를 이긴다면 나의 목숨은 그대의 손에 맡겨질 것이오.

Mini-Less☀n
See p. 138

demand that + 주어(A) + (should) + 동사원형(B): A가 B할 것을 요구하다

요구, 주장, 제안, 권고를 나타내는 동사 demand, insist, suggest, recommend 등이 이끄는 that절에서는 「should + 동사원형」이 쓰이며 이때 should는 생략할 수 있어요.

• I demand that you return to your own village and live in peace for one year.
  나는 그대가 고향으로 돌아가 일 년 동안 평화롭게 살 것을 요구한다.
• They suggested that we should build a tower in the middle of the desert.
  그들은 우리에게 사막 한가운데에 탑을 지을 것을 제안했다.

Don Quixote was amazed and astonished by the Knight of the White Moon's reason for challenging him. With great dignity he replied, "Knight of the White Moon, whose deeds escaped my attention, you have obviously never seen the illustrious Dulcinea. Otherwise, you would not have challenged me, because you would know that there is no one more beautiful than her. I accept your challenge with the conditions you have proposed. But I do not accept your fame being transferred to me, for I am satisfied with my own deeds. Take the side of the field you [1] choose and may Saint Peter add his blessing to whomever God favors!"

옛 바르셀로나 시는
해안가 위 구릉에
위치하고 있었답니다.

The two knights had been seen from the city* and the mayor was told about them. He hurried to the shore accompanied by several other gentlemen. He stood between the two knights and asked them why they were about to fight. The Knight of the White Moon briefly explained what he had said to Don Quixote, and that the conditions of the battle had been agreed upon by both sides. The mayor went to his advisor and asked him quietly if he knew who the Knight of the White Moon was, for he had heard of Don Quixote.

His advisor replied that he did not know. The mayor did not know if he should allow the combat to go on or not. In the end he decided it was only a joke, so he moved back, saying, "Brave knights, the matter is in God's hands. Begin."

□ be astonished by …에 깜짝 놀라다
□ condition 조건
□ Saint Peter 성 베드로
□ agree upon(on) …에 합의를 보다
□ advisor 고문
□ go on 계속되다

1 **take the side of the field** 싸움터(전장)의 자리를 잡다
Take the side of the field you choose and may Saint Peter add his blessing to whomever God favors! 원하는 대로 싸움터의 자리를 잡아라. 그리고 하느님이 보살피는 이에게 성 베드로의 은총이 더해지기를!

The Knight of the White Moon and Don Quixote thanked the mayor politely for the permission he gave them. Then both knights charged on their horses at the same instant. The Knight of the White Moon was much swifter. He struck Don Quixote with his shield with such violence that Don Quixote and Rocinante fell down very hard. The Knight of the White Moon spurred his horse forward and, holding his lance over Don Quixote's visor, said, "You are defeated and dead if you do not adhere to the agreed conditions." [1]

Don Quixote was stunned and spoke in a feeble voice, without raising his visor.

"Dulcinea of Toboso is the most beautiful woman in the world. It is not right that this truth should suffer because of my feebleness. Take my life, Knight, since you have already taken my honor," said Don Quixote.

"I will not," said the Knight of the White Moon. "Let the fame of the lady Dulcinea's beauty live on as before. All I ask is that the great Don Quixote retires to his village for a year, as we agreed before beginning this battle."

□ instant 순간
□ swift 신속한, 재빠른
□ with violence 맹렬하게
□ hard 심하게
□ be stunned 아연실색하다, 혼절하다

□ feeble 약한, 가냘픈
□ suffer 피해를 입다, 상처를 입다
□ feebleness 약함, 무력함

1 **adhere to** …을 (충실히) 지키다

You are defeated and dead if you do not adhere to the agreed conditions.

그대가 졌소, 그리고 그대가 합의된 조건을 지키지 않는다면 그대는 죽을 것이오.

The mayor, Don Antonio, and several others heard Don Quixote reply that he would observe all the conditions.

When this promise was given, the Knight of the White Moon turned his horse, bowed his head and rode away into the city. The mayor ordered his advisor to follow him and find out who he was.

They raised up Don Quixote, took off his helmet to uncover his face, and found him pale and perspiring. Rocinante had been so badly hurt that he could not move.

Sancho, filled with grief, did not know what to say or do. It seemed to him that the battle was a piece of enchantment. His master had been defeated and was [1] obliged not to take up arms for a year, so he imagined the light of his glorious deeds dimmed. All his hopes and the promises of his master had been swept away [2] like smoke before the wind. He feared that Rocinante was crippled for life, and his master's bones* dislocated. Finally, the mayor sent for a sedan chair and Don Quixote was carried into the city.

*bones 다음에 were가 생략되었어요.

- □ observe 지키다, 준수하다
- □ ride away 말을 타고 가버리다
- □ raise up ···을 일으켜 세우다
- □ uncover 노출하다, ···의 덮개를 열다
- □ perspire 땀을 흘리다
- □ filled with grief 슬픔에 가득 차

- □ dim 어두워지다
  (dim-dimmed-dimmed)
- □ crippled 절름발이의
- □ for life 평생 동안
- □ send for ···을 가지러 (사람을) 보내다
- □ sedan chair 가마

---

1 **be obliged not to + 동사원형** ···해서는 안 되다
His master had been defeated and was obliged not to take up arms for a year.
그의 주인은 패배했고 일 년 동안 무기를 들어서는 안 되었다.

2 **be swept away** 완전히 사라지다
All his hopes and the promises of his master had been swept away like smoke before the wind.
산초의 모든 희망과 그의 주인이 했던 약속은 바람 앞의 연기처럼 완전히 사라졌다.

The mayor's advisor, Don Antonio, followed the Knight of the White Moon to an inn in the heart of the city. A squire came out to meet the knight and they went into a room on the ground floor. Don Antonio, eager to make his acquaintance, followed.

The Knight of the White Moon saw him and said, "I know why you have come. You want to know who I am and there is no reason why I should conceal it from you. I am called Bachelor Samson Carrasco. I come from the same village as Don Quixote of La Mancha, whose madness makes all of us who know him feel pity for him. Such absurd stories have been written about him!

He is too good a * man to be laughed at by those who care nothing for his well-being. So decided that the way for him to recover was to return home and live quietly.

I came here as a knight-errant, intending to defeat him in combat and demand that he return to his own village for a year. I hoped that a year of quiet living would be long enough to cure his madness. I overcame him and because he is so scrupulous in obeying the laws of knight-errantry, he will obey the conditions. Please do not to tell him who I am. I desire that he [1] regain his reason, for his mind is excellent when free of the absurdities of chivalry."

□ ground floor 1층
□ make one's acquaintance ⋯을 알게 되다
□ conceal A from B A를 B에게 숨기다
□ Bachelor 학사 학위 소지자
□ feel pity for ⋯을 불쌍히 여기다
□ care nothing for ⋯에 관심이 없다

□ well-being (건강과) 행복
□ intend to + 동사원형 ⋯할 작정이다
□ overcome 이기다, 극복하다
□ scrupulous in ...ing ⋯하는 데 있어서 양심적인
□ knight-errantry 방랑기사의 생활
□ regain one's reason 이성을 회복하다
□ free of ⋯을 벗어난, ⋯가 없는

1 **desire that + 주어 + (should) + 동사원형** ⋯이기를 간절히 원하다
I desire that he regain his reason.
저는 그가 이성을 되찾기를 간절히 원하고 있습니다.

Mini-Less☀n

See p. 139

too + 형용사(A) + a + 명사(B): 너무나 A한 B
• He is too good a man to be laughed at by those who care nothing for his well-being.
  돈키호테의 행복에 관심이 없는 사람들의 조롱거리가 되기에는 돈키호테는 너무나 좋은 사람이죠.
• He refused to do the work because it was too risky a job.
  그것은 너무나 위험한 일이었기 때문에 그는 그 일을 하기를 거절했다.

"May God forgive you," said Don Antonio. "You have wronged the whole world by plotting to rob it [1] of the most amusing madman in it. Don't you see that the return of Don Quixote's sanity can never equal the pleasure those stories of his madness give us? But my belief is that all your hard work will fail to cure him [2] because he is so crazy. I know it's very rude to say this, but I hope Don Quixote is never cured, for by his recovery we lose not only his own words and actions, but his squire Sancho Panza's too, which are enough to cure the worst kind of melancholy. However, I'm curious to see whether your plan will fail, so I will say nothing."

□ plot to + 동사원형 …하려고 계획하다
□ rob A of B A에게서 B를 앗아 가다
□ amusing 재미있는, 즐거운
□ sanity 제정신, 온전한 정신
□ cure 고치다
□ rude 무례한

□ recovery 회복
□ melancholy 울적함, 비애
□ progress 잘 되어가다, 진척되다
□ displeased 기분이 상한, 화난
□ retirement 은퇴, 은거
□ amusement 즐거움, 재미

1 **wrong + 목적어(A) + by ...ing(B)** B함으로써 A에게 잘못을 저지르다
You have wronged the whole world by plotting to rob it of the most amusing madman in it. 그대는 세상에서 가장 재미있는 미치광이를 세상에서 앗아 가려고 계획함으로써 세상 사람들에게 잘못을 저지르고 있습니다.

2 **fail to + 동사원형** …하지 못하다, …하는 데 실패하다
But my belief is that all your hard work will fail to cure him because he is so crazy. 하지만 그는 너무 미쳐 있기 때문에 그대의 힘든 노고도 그를 치유하지 못할 것이라는 것이 저의 생각입니다.

Carrasco replied that as the plan was progressing well he expected a happy result from it. Then he said goodbye. Later that day, he rode away from the city with his armor tied onto a mule.

When Don Antonio reported to the mayor what Carrasco told him, the mayor was very displeased. Don Quixote's retirement would end the amusement of many.

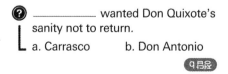

❓ _____ wanted Don Quixote's
sanity not to return.
a. Carrasco   b. Don Antonio
정답 b

Don Quixote stayed in bed for six days, feeling melancholy and brooding over his defeat. Sancho tried to comfort him, saying, "Hold up your head, Senor, and be glad if you can. Give thanks to heaven that you haven't broken a rib. There are always wins and losses. Cheer up."

"How can I cheer up, miserable being that I am?" replied Don Quixote. "Am I not the conquered one? Am I not the one who must not take up arms for a year? Now I know it is more appropriate for me to handle knitting needles than a sword."

"Enough of that, Senor," said Sancho. "Let us go home and stop going around looking for adventures in places we don't know. If you think about it, I'm the one who has lost the most, though Your Worship has been hurt more. My hopes of being a governor have gone up in [1] smoke."

"Peace, Sancho," said Don Quixote, "for my retirement will not last longer than a year. I will soon return to my honorable calling and win a kingdom to give to you."

Two days later Don Quixote and Sancho departed Barcelona. Don Quixote was unarmed and in traveling clothes. Sancho went on foot, since his donkey was carrying the armor.

□ brood over ···을 곰곰이 생각하다
□ comfort 위로하다
□ hold up ···을 들어 올리다
□ miserable 비참한
□ appropriate 적당한

□ knitting needle 뜨개질 바늘
□ enough of ···은 이제 그만
□ Your Worship (고관의 호칭) 각하
□ peace 조용히 해라
□ calling 소명, 천직

1 **go up in smoke** (계획·희망 등이) 물거품이 되다
My hopes of being a governor have gone up in smoke.
총독이 되겠다는 제 희망은 물거품이 되었고요.

Check-up Time!

● **WORDS**

빈칸에 알맞은 단어를 보기에서 골라 써넣으세요.

| transferred crippled uncovered dimmed obliged |

1 They raised him up and _____ his face.

2 The fame of my deeds will be _____ to yours.

3 You are _____ not to take up arms for a year.

4 He imagined the light of his glorious deeds _____.

5 My son fell from the horse, so I feared he was _____ for life.

● **STRUCTURE**

괄호 안의 두 단어 중 알맞은 단어를 골라 문장을 완성하세요.

1 My life will be (on / at) your mercy.

2 He is scrupulous (in / on) obeying the laws.

3 I desire that he (regain / regains) his reason.

4 Dawn made way (for / to) the sun, which began to rise slowly.

5 The conditions of the battle were agreed (upon / with) by both sides.

이야기의 흐름에 맞게 순서를 정하세요.

a. Don Antonio followed the Knight of the Moon.

b. Don Quixote and Sancho waited for dawn to break.

c. The Knight of the Moon replied that the plan was progressing well.

d. A knight in full armor with a shining moon painted on his shield appeared.

(   ) → (   ) → (   ) → (   )

● SUMMARY

빈칸에 맞는 말을 골라 이야기를 완성하세요.

> Don Quixote was at the seashore in Barcelona when the Knight of the White Moon (   ) Don Quixote. Don Quixote accepted but he was (   ). So he had to observe the agreed conditions that he should (   ) to his village for one year. The Knight of the White Moon was actually Bachelor Samson Carrasco, who came from the same village as Don Quixote. Don Quixote stayed in bed for six days while Sancho tried in vain to (   ) up his master. Finally Don Quixote and Sancho returned to their village.

a. defeated   b. challenged   c. cheer   d. retire

ANSWERS

Comprehension (b)←(d)←(a)←(c)   Summary | b, a, d, c

CHAPTER 7

The End of Don Quixote of La Mancha

라만차의 돈키호테의 최후

As Don Quixote and Sancho made their entrance [1] into the village, the curate, the barber and Samson came toward them with open arms. Don Quixote dismounted and embraced them warmly. At the door of his house were his housekeeper and niece, who had already heard the news of his return. Mrs. Panza and her child ran to greet Sancho and lead him home.

Don Quixote told his friends of his defeat and of the engagement he had made not to leave his village for a year. He then said he had thought of becoming a shepherd for that year, spending his time in the solitude of the fields. He implored them to be his companions [2] if they were not too busy. They were stunned at Don Quixote's new madness but to keep him from leaving [3] the village again in pursuit of his chivalry, they consented to his new project. And then they left him, advising him to take care of his health and eat well.

□ engagement 약속
□ in the solitude of …에 혼자 있으면서
□ be stunned at …에 깜짝 놀라다

□ in pursuit of …을 추구하여
□ consent to …에 동의하다
□ advise + 목적어(A) + to + 동사원형(B) A에게 B하라고 충고하다

1 **make one's entrance into** …로 들어서다
   As Don Quixote and Sancho made their entrance into the village, the curate, the barber and Samson came toward them with open arms.
   돈키호테와 산초가 마을로 들어서자 신부와 이발사, 삼손이 두 팔을 벌리며 다가왔다.

2 **implore + 목적어(A) + to + 동사원형(B)** A에게 B해 달라고 간청하다
   He implored them to be his companions if they were not too busy. 그는 그들에게 그리 바쁘지 않다면 자신의 벗이 되어 달라고 간청했다.

3 **keep + 목적어(A) + from ...ing(B)** A가 B하는 것을 막다
   But to keep him from leaving the village again in pursuit of his chivalry, they consented to his new project. 그러나 그가 또다시 기사도 정신을 찾아 마을을 떠나는 것을 막기 위해, 그들은 그의 새로운 계획에 찬성했다.

His niece and the housekeeper overheard everything and as soon as the visitors were gone, they both came in to see Don Quixote.

"We thought you would stay at home and lead a [1] quiet respectable life," said his niece, "but now you want to get into new entanglements and become [2] a shepherd. You're too old for that nonsense."

"And out in the fields, how will you bear the heat of summer, and the cold nights of winter and the howling of the wolves?" said the housekeeper. "That's work for strong young men who've been raised to do such work from the time they were babies. It's better to be a knight-errant than a shepherd! Stay at home, go often to confession, be good to the poor, and let no evil come to you."

"I know very well what my duty is," said Don Quixote. "Help me to bed, for I don't feel very well. But whether I am a knight-errant or a shepherd, I will always provide for you."

---

1 **lead a ... life** ···한 생활을 하다
We thought you would stay at home and lead a quiet respectable life. 우리는 삼촌이 집에 계시면서 조용하고 점잖은 생활을 할 것이라고 생각했어요.

- □ overhear 엿듣다
  (overhear-overheard-overheard)
- □ respectable 점잖은, 존경할 만한
- □ bear 참다, 견디다
- □ howling (개·늑대 등의) 울부짖는 소리

- □ go to confession 고해하러 가다
- □ the poor 가난한 사람들
- □ evil 악, 재난, 불운
- □ provide for …을 부양하다

2 **get into an entanglement** 말썽에 휘말리다

But now you want to get into new entanglements and become
a shepherd. 그런데 이제 삼촌은 새로운 말썽에 휘말리시고 양치기가 되려고 하시네요.

Don Quixote's life reached its end when he least expected it. A fever struck him and kept him in his bed for six days, during which he was often visited by the curate, the bachelor, and the barber. His good squire, Sancho Panza never left his bedside. They did everything they could to lift his spirits. But for all [1] this, Don Quixote could not shake off his sadness.

His friends called the doctor, who said that melancholy and depression were bringing his life to an early end.

Don Quixote begged them all to leave him to himself so that he could sleep for a while. He slept at one stretch for more than six hours so that the housekeeper and niece thought he was going to sleep forever.

- □ when one least expects it 전혀 예기치 않은 순간에
- □ fever 열병
- □ strike (병·죽음이) 급습하다 (strike-struck-stricken)
- □ bedside 침대 옆, 머리맡
- □ lift one's spirits …의 기운을 북돋워주다
- □ shake off (병·고민 등)을 떨쳐내다
- □ depression 우울
- □ bring ... to an early end …을 빨리 끝내다

- □ leave ... to oneself …을 혼자 있게 내버려 두다
- □ at one stretch 단번에
- □ Blessed be Almighty God 전지 전능하신 하느님 고마워라
- □ limit 한계; 제한하다
- □ sin (종교·도덕상의) 죄
- □ coherent 일관성 있는, 조리 있는
- □ impediment to ...ing …하는 데 있어서의 장애(물)
- □ ignorance 무지

But at the end of that time he woke up, and in a loud voice exclaimed, "Blessed be Almighty God, who has shown me such goodness. His mercies have no limit, and the sins of men do not limit them!"

The niece listened with attention to her uncle's words and they seemed more coherent than anything he usually said.

"What are you saying?" she asked. "What has happened? What mercies or what sins of men are you speaking of?"

"I am speaking of the mercies God has just shown me," replied Don Quixote. "And as I said, my sins are no impediment to seeing them. My judgment has returned and I am free of the ignorance caused by my study of those books of chivalry. Now I recognize their absurdities and lies."

> ❓ To the niece Don Quixote's words seemed more _____ than usual.
> a. coherent   b. absurd
> 答 正答

---

1 **for all** …에도 불구하고
But for all this, Don Quixote could not shake off his sadness.
그러나 이런 주변 사람들의 노력에도 불구하고, 돈키호테는 슬픔을 떨쳐낼 수 없었다.

- □ complete 완벽한, 더할 나위 없는
- □ make one's will 유언장을 쓰다
- □ be saved the trouble by ···에 의해 수고를 덜다
- □ the good 착한 사람, 선인
- □ virtuous 도덕적인, 고결한
- □ by God's mercy 하늘이 도와서
- □ despise 경멸하다
- □ take hold of ···을 (사로)잡다
- □ be disenchanted 마법에서 풀어나다
- □ confessor 고해 신부
- □ notary 공증인
- □ at a critical time 중요한[위급한] 순간에
- □ play games with ···을 속이다, ···와 장난을 치다

"Niece," Don Quixote continued, "I feel myself at the point of death. I would like to die in a way that shows that I was not a complete madman. My dear girl, call my good friends for I wish to confess and make my will."

But his niece was saved the trouble by the entrance of the three men. The instant Don Quixote saw them he exclaimed, "I have good news! I am no longer Don Quixote of La Mancha, but Alonso Quixano, once called the Good because of my virtuous life. I recognize my foolishness and the danger I was in through reading such books. Now, by God's mercy, I have learned from my experience and I despise them."

When the three heard him say this, they believed some new madness had taken hold of him.

"What? Senor Don Quixote!" cried Samson. "You say this now when we have news of the lady Dulcinea being disenchanted, and we were ready to pass our lives as shepherds? Let's have no more nonsense."

"No more jokes, please," said Don Quixote. "Bring me a confessor and a notary to write my will. At a critical time like this a man must not play games with his soul."

These words were so well expressed, so devout, and so rational, that his friends were convinced that Don Quixote was sane. The curate was left alone with him and heard his confession. When it ended, the curate came out and said, "Alonso Quixano the Good is dying and has truly recovered his reason. The notary is here [1] so we may now go in while he makes his will."

Tears burst from the eyes of his niece, the housekeeper and his faithful servant, Sancho. Whether Don Quixote was simply Alonso Quixano the Good, or Don Quixote of La Mancha, he always had a kind and gentle nature. For this reason he was dearly loved by everyone who knew him.

? The _____ heard Don Quixote's confession.

정답 curate

- □ rational 이성적인
- □ sane 제정신의
- □ confession 고해성사
- □ burst 갑자기 튀어 나오다
- □ nature 천성, 본성
- □ dearly 대단히, 몹시
- □ dictate A to B A를 B에게 받아쓰게 하다
- □ bequest 유산, 유품
- □ balance 지불 잔액
- □ do ... good …에게 좋은 일을 하다
- □ loyalty 충실성, 충성
- □ forgive + 목적어(A) + for ...ing(B) A가 B한 것을 용서하다
- □ bush 관목, 덤불
- □ die of (노령·질병·상심)으로 죽다
- □ blame 비난하다

When dictating the bequests of his will to the notary, he said, "It is my desire that my money held by [2] Sancho Panza be used to pay certain debts. If any money remains, after he has paid himself what I owe him, the balance, which will be only small, will be his and may it do him a lot of good. I would give him a kingdom if I could, because the simplicity of his character and the loyalty of his actions deserve it."

때나 조건을 나타내는 부사절에서는 미래완료 대신 현재완료를 씁답니다.

may 이하는 '남는 돈이 그에게 많은 도움이 되기를'이라는 뜻의 기원문이랍니다.

And then, turning to Sancho, he said, "Forgive me for making you seem as mad as me."

"Don't die, master," said Sancho. "Come on, don't be lazy, get up from your bed and let's go to the fields dressed as shepherds. Perhaps behind some bush we shall find the lady Dulcinea disenchanted, as pretty as a picture. If you are dying of sorrow over being defeated, blame me."

---

1 **recover one's reason** 이성을 회복하다
   Alonso Quixano the Good is dying and has truly recovered his reason. 착한 양반 알론조 키하노는 죽어가고 있고 진짜로 이성을 되찾았소.

2 **It is my desire (wish) that + 주어 + (should) + 동사원형** …해야 한다는 것이 나의 바람(소원)이다
   It is my desire that my money held by Sancho Panza be used to pay certain debts. 산초 판사가 가지고 있는 나의 돈은 어느 정도의 빚을 갚는 데 써야 한다는 것이 나의 바람이오.

"I was mad, and now I am in my senses," said Don Quixote. "I am Alonso Quixano the Good, and not a knight-errant. Now let the notary continue. I leave all my property to Antonia Quixana, my niece. And I want to pay the wages I owe for the time my housekeeper has served me, with twenty extra ducats* for a gown. I appoint the curate and Samson Carrasco as my executors. It is my wish that Antonia Quixana, my niece, never marry a man who reads books of chivalry. If she does so, she must lose everything I have left her, which my executors shall give to charity."

His end came three days later, after he had received all the sacraments and expressed his loathing of the books of chivalry that had contributed to his temporary descent into madness.

He died among the tears and sympathy of his family and friends. And so ended the adventures of as good [1] and brave a man as Spain has ever seen.

*더컷은 과거 유럽에서 사용된 금화(우화)예요.

□ be in one's senses 제정신이 되다
□ wage 임금, 급여
□ appoint A as B A를 B로 임명하다
□ executor 유언 집행인
□ charity 자선단체
□ receive the sacrament 성찬을 받다
□ loathing of(for) …에 대한 혐오감
□ contribute to …에 기여하다
□ temporary 일시적인
□ descent into …로의 하락(타락)

1 **as + 형용사(A) + a + 명사(B)** A한 B

And so ended the adventures of as good and brave a man as
Spain has ever seen.

그리고 스페인 최고의 선하고 용감한 남자의 모험은 이렇게 막을 내렸다.

Check-up Time!

● **WORDS**

퍼즐의 빈칸에 들어갈 알맞은 철자를 써서 단어를 완성하세요

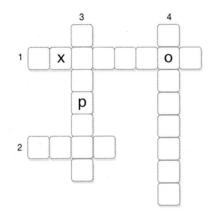

Across

1. 유언 집행인
2. 관목, 덤불

Down

3. 경멸하다
4. 일관성 있는, 조리 있는

● **STRUCTURE**

빈칸에 알맞은 단어를 보기에서 골라 써넣으세요.

of	in	to	for	off

1 I will always provide _____ you.

2 They consented _____ his chivalry.

3 He could not shake _____ his sadness.

4 Some new madness had taken hold _____ him.

5 He spent his time _____ the solitude of the fields.

● COMPREHENSION

다음은 누가 한 말일까요? 기호를 써넣으세요.

a.   b.   c.

Samson   housekeeper   Sancho

1 "Get up from your bed and let's go to the fields." _____

2 "It's better to be a knight-errant than a shepherd!" _____

3 "We have news of the lady Dulcinea being   _____
   disenchanted."

● SUMMARY

빈칸에 맞는 말을 골라 이야기를 완성하세요.

Don Quixote retired to his village with Sancho. He told his
friends that he would become a shepherd instead of a
knight-errant for a year. But a (   ) struck him and he
failed to shake off his sadness. After six hours of sleep he
recovered his (   ). He felt himself at the point of death
and wanted to make his (   ). He left most of his
property to his niece with the condition that she should
not marry a man who reads books of (   ). Three days
later, he died among the tears of his family and friends.

a. reason   b. fever   c. chivalry   d. will

ANSWERS

Summary | b, a, d, c
Comprehension | 1. c   2. b   3. a

After
the Story

Reading X-File 이야기가 있는 구문 독해
Listening X-File 공개 리스닝 비밀 파일
Story in Korean 우리 글로 다시 읽기

본문 page 48
본문 page 85

Those books will lead no others to behave as my friend seems to have behaved.

저 책들이 내 친구가 했던 것처럼 다른 이들도 그렇게 하도록 이끌지는 않겠지요.

★ ★ ★

기세 좋게 기사로 떠났다 망신창이가 되어 돌아온 돈키호테를 본 고향 친구들은 돈키호테가 이렇게 변한 것은 모두 그 기사도 관련 책들 때문이라고 생각하고 책들을 불태우기로 합의합니다. 그러면 다른 이들이 이런 책들을 읽고 돈키호테처럼 되는 불상사를 막을 수 있을 거라고 위와 같이 말하는데요, 이때 **to have behaved**는 본동사 seems보다 앞서 일어난 일을 나타낼 때 쓰이는 to have + p.p. 형식의 완료부정사랍니다.

You appear to have had many adventures with your squire Sancho.

하인 산초와 함께 많은 모험을 하신 것처럼 보이는데요.

Niece

Yes, I strove to correct many wrongs and injustices in the world.

그래, 나는 세상의 많은 부정과 부당한 것들을 바로잡으려고 애썼단다.

Don Quixote

He finally opened his eyes and stretched as if awakening from a deep sleep.

그는 마침내 눈을 뜨더니 마치 깊은 잠에서 깨어나는 것처럼 기지개를 폈다.

돈키호테는 몬테시노스 동굴에 들어가 동굴에 얽힌 신비로운 이야기들이 사실인지 알고 싶어합니다. 몸에 밧줄을 감고 동굴에 들어갔다 반 시간 뒤에 나온 돈키호테는 아무 말도 하지 않고 있다가 산초가 그의 몸을 이리 저리 흔들자 위와 같은 행동을 하죠. 이를 묘사한 위의 문장에서 **as if** 다음에 **he was**가 생략된 것을 눈치채셨나요? be동사 자체에는 별다른 의미가 없기 때문에 주어와 함께 생략되기 쉽다는 사실, 꼭 기억해 두세요!

Sancho

Senor, you certainly promised me that you would make me the governor of an island.

나리, 저를 섬의 총독을 시켜 주신다고 분명 약속하셨어요.

Don Quixote

Absolutely. And if (you are) not happy about it, you may return to your hometown.

물론이네. 그리고 마음에 들지 않으면 자네는 언제든지 고향으로 돌아가도 된다네.

I demand that you return to your own village and live in peace for one year.

나는 그대가 고향으로 돌아가 일 년 동안 평화롭게 살 것을 요구한다.

★ ★ ★

산초와 함께 바르셀로나 외곽의 광활한 바다를 바라보고 있던 돈키호테 앞에 하얀 달의 기사가 나타나 결투를 신청합니다. 돈키호테가 이길 경우 자신의 목숨을 주고, 자신이 이길 경우 돈키호테가 무기를 버리고 고향 으로 돌아가는 것이라는 위와 같은 조건을 내걸면서 말이죠. 이처럼 요 구, 주장, 제안, 권고를 나타내는 동사 demand, insist, suggest, recommend 등이 이끄는 that절에서는 should + 동사원형이 쓰이는 데요, 이때 should는 생략할 수 있답니다.

Innkeeper

I recommend that you (should) carry some money and clean shirts for emergencies.

만약의 사태를 위해 돈과 깨끗한 셔츠를 가지고 다닐 것을 권합니다.

Don Quixote

I've never read of knights-errant who carried money. But I'll follow your advice if you knight me.

돈을 가지고 다닌다는 방랑기사의 이야기는 읽은 적이 없소. 하지만 나에게 기사 서품식을 해준다면 충고를 따르겠소.

Don Quixote is too good a man to be laughed at by those who care nothing for his well-being.

돈키호테는 자신의 행복에는 관심이 없는 사람들의 조롱거리가 되기에는
너무 좋은 사람이지요.

★ ★ ★

돈키호테와의 결투에서 하얀 달의 기사가 그를 단칼에 해치우고 길을 떠나자, 결투 장면을 지켜보던 시장은 하얀 달의 정체가 궁금해 자신의 고문에게 그를 미행할 것을 명령합니다. 하얀 달의 기사는 고문에게 자신은 돈키호테의 고향 친구라고 순순히 정체를 밝히며 결투의 동기로 위와 같은 말을 하지요. 여기서 눈여겨 보아야 할 부분이 있는데요, too를 이용하여 '너무나 …한 ~'이라는 표현을 만들고 싶을 때는 too + 형용사 + a + 명사의 어순을 취해야 한다는 점이랍니다.

Stop, there! The lady Dulcinea is too beautiful a woman to be insulted by you.

멈추시오! 둘시네아 아가씨는 당신에게 이런 모욕을 당하기에는 너무나 아름다운 여인이오.

Don Quixote

Forgive me. I was mistaken in saying that she would not compare to the lady Belerma.

용서하십시오. 둘시네아 아가씨가 벨레르마 부인과 비교가 안 된다는 말은 제 실수였습니다.

Montesinos

01 l 앞에 [어]를 넣으세요!

단어 끝의 l은 [얼] 혹은 [어]로 발음돼요.

film을 발음할 때 '필름'이라고 하면 원어민은 잘 알아듣지 못해요. [피-엄]이라고 해야 알아 듣는답니다. l이 단어 끝에 오거나 끝자음 앞에 오는 경우 dark l이라고 하는데 이 경우 원래의 발음과 달리 [ㄹ]음을 아주 약간만 내고 l앞에 [어]가 있는 것처럼 발음돼요. 그럼 이런 현상을 본문 20쪽, 82쪽에서 확인해 볼까요?

> Next, he took down the (①) and lance that hung on his wall and cleaned them.

① **shield** 어때요? [쉴ㄷ]가 아니라 [쉬어(ㄹ)ㄷ]로 들리나요?

> Then Don Quixote (②) and quietly prayed to God to grant him success in this perilous adventure.

② **kneeled** [ㄹ] 앞에 [어] 발음을 살짝 넣고 [ㄹ]음은 약하게 하여 [니어(ㄹ)ㄷ]로 발음한다는 거, 잊지 마세요!

140 • Don Quixote

02 변신 짠!

-dly와 -tly의 [ㄷ], [ㅌ]음은 [ㄹ]로 변한답니다.

어떻게 하면 -dly와 -tly로 끝나는 단어를 원어민처럼 발음할 수 있을까요? [들리], [틀리]로 발음하기보다는 [를리]에 가깝게 발음하면 된답니다. 원어민들은 딱딱한 발음을 싫어해서 단어 중간에 [ㄷ]나 [ㅌ] 같은 무성음이 오면 이를 생략하고 뒤의 자음 l을 따라 부드럽게 발음하거든요. 그럼 27쪽과 28쪽에서 확인해 볼까요?

> Don Quixote saw that they were afraid, so he raised his visor to show his dry and dusty face and (①) said.

① **gently** -dly가 [를리]로 발음되어 [젠를리]에 가깝게 들렸어요.

> Don Quixote said (②), "Modesty suits the fair, and laughter that has little cause is silly."

② **indignantly** [인디그넌틀리]라고 해야 할 것 같지만, 사실은 [인디그넌를리]에 가깝게 발음했어요.

03 자음 생략!

자음이 3개 이상 연이어 나올 때 중간 자음은 생략하세요.

한 단어 안에 자음이 3개 이상 연이어 나오면 발음이 딱딱해져 계속 발음하기가 쉽지 않아요. 그래서 발음을 쉽고 부드럽게 하기 위해서 가운데 있는 중간 자음은 없는 셈 치고 생략하는 경우가 많답니다. 그럼 이런 경우를 본문 34쪽과 60쪽에서 확인해 볼까요?

> The landlord told Don Quixote that knights-errant always carried money for emergencies, along with clean shirts and a little box of (①).

① **ointment** [오인ㅌ먼ㅌ]가 아니라 [오인먼ㅌ]로 들렸나요? 중간에 있는 t 발음이 생략되었답니다.

> On rising, he tried the wineskin and found it almost (②), which grieved him deeply.

② **empty** 어떻게 들렸나요? 중간 자음 p 소리를 생략되어 [엠띠]에 가깝게 들렸답니다.

04 h는 조용히 있어요!

조동사의 첫자음 [h]음은 탈락된답니다~

영어에서는 동사, 명사, 형용사 같은 핵심어 외에 조동사, 인칭대명사, 부사, 전치사, 관사 등을 기능어라고 해요. 의사소통을 할 때 의미상 큰 역할을 하지 않죠. 이 기능어 중 have, has와 같은 조동사의 첫 [h]음은 약화되어 발음되는 경향이 있는데요, 이런 예를 본문 44쪽과 85쪽에서 찾아볼까요?

> But you must pay for the blasphemy you
> (①) uttered against my lady.

① **have** 여기서 have는 현재완료 시제를 만드는 조동사이므로 [h]음이 거의 들리지 않았어요.

> May God forgive you, for you (②) taken
> me away from the most delightful sights that
> any human has ever seen.

② **have** 강세를 받지 않는 조동사이므로 [해브]에서 [ㅎ]음이 약화되어 [애브]에 가깝게 들렸습니다.

1장 │ 돈키호테의 기원

`p.14~15` 라만차 지방의 어떤 마을에 쉰 살
정도 된 한 귀족이 살았다. 마르고 핼쑥한
그는 아침 일찍 일어나는 사람이었다. 그
에게는 비쩍 마르고 뼈만 앙상한 말 한
마리와 사냥용 개 한 마리가 있었다. 그
는 가끔 쇠고기 스튜를 먹는 날도 있었
지만 밤에는 대개 샐러드를 먹었고,
토요일에는 먹다 남은 음식을 먹었으
며, 금요일에는 렌즈콩을 먹었고, 일요
일에는 비둘기 고기를 먹는 등 음식에는 아주 적은
돈을 썼다. 그러나 고급 천으로 만든 비싼 웃옷과 벨벳 반바지와 근사한 신발을 일요
일 외출용으로 사는 한편 평일에는 제일 깨끗한, 집에서 짠 옷을 입었다.

집에는 마흔이 넘은 가정부와 스무 살이 안 된 조카딸, 그리고 밭일을 하거나 장을
보는 소년이 있었다. 어떤 사람들은 그의 성이 '키하다' 혹은 '케사다'라고 했다. 내
가 고증한 바로는 이 귀족의 이름은 '케하나'임이 분명했다.

`p.16~17` 이 귀족은 시간이 있을 때마다, 기사 소설을 열심히 읽었다. 그는 이러한
책들에 너무 빠져 있어 사냥을 나가거나 심지어 재산을 관리하는 것도 잊어버릴 정도
였다.

때때로 그는 자신이 좋아하는 책들을 사기 위해 상당한 소유지를 싼값에 처분하기
도 했다. 그가 가장 좋아하는 작가는 펠리시아노 데 실바였는데, 밤에 잠을 자지 않고
그의 명쾌한 문체와 위트 넘치는 문장을 이해하려고 애썼다.

그는 특히 작가가 계속되는 모험을 약속하면서 이야기를 끝맺는 방식이 참 괜찮다
고 생각했다.

결국 잠자는 시간도 부족할 정도로 책을 많이 읽는 바람에 그는 이성을 잃고 말았
다. 그의 몽상은 점점 이러한 책에서 읽은 마법과 전투, 결투, 사랑, 온갖 종류의 비현
실적인 것으로 가득 차게 되었다. 그는 자신이 읽은 것들이 사실이라고 믿기 시작했

다. 그는 스페인의 전설적인 영웅 시드 루이 디아즈가 대단히 훌륭한 기사이지만, 가상의 인물로 사납고 흉악한 두 거인을 죽인 '불타는 검의 기사'에 비할 바는 못 된다고 생각했다.

p.18~19 그는 정신이 나가서 나라에 봉사하기 위해, 방랑 기사가 되기로 결심했다. 완전 무장을 하고 세상을 돌아다니며 모든 불의를 바로잡고 온갖 위험에 맞설 작정이었다. 이런 즐거운 몽상에서 유발된 강렬한 희열감은 모험에 나설 준비를 시작하는 그에게 활기를 북돋워 주었다.

그가 가장 먼저 한 일은 녹이 슬고 곰팡이가 잔뜩 낀 채 한쪽 구석에 수년 동안 버려져 있던 증조부의 갑옷을 깨끗이 닦는 일이었다. 그는 정성 들여 갑옷을 닦고 광을 냈으나 곧 한 가지 결점을 알아차렸다. 얼굴이 완전히 덮여지는 투구 대신 그저 앞꽂이 장식만 있는 투구가 있을 뿐이었다. 그의 독창성은 해결책을 제공해 주었다. 그는 두꺼운 종이로 가리개를 만들어서 투구에 끼워 보았더니 얼굴이 완전히 덮여지는 투구처럼 보였다. 그래서 튼튼한지 시험해 보기 위해 검으로 내리쳤더니 완전히 부서져 버렸다. 그는 다시 작업에 착수했고, 투구 안쪽에 쇠막대기를 몇 개 대었더니 그 단단함과 완벽함에 만족하게 되었다.

p.20~21 다음으로 그는 벽에 걸려 있던 방패와 창을 내려놓고는 닦았다.

그런 다음 그는 뼈만 앙상한 자신의 늙은 말을 바라보았다. 말에 어떤 이름을 붙여 줄지 고민을 하면서 나흘을 보냈는데, 그 이유는 유명한 기사가 타는 말에는 특별한 이름이 있어야 하기 때문이었다. 그래서 이름을 수없이 지었다가 버렸다가 이리저리 덧붙였다 취소하기를 반복한 끝에 '로시난테'라고 부르기로 결정했다.

그런 다음 여드레를 자기의 이름을 짓는 데 보내다가, 마침내 스스로를 '돈키호테'라 부르기로 했다. 그런 다음, 모든 훌륭한 기사들의 방식을 따라 자신의 왕국과 지방의 이름을 덧붙였다. 그래서 이후로 그는 '라만차의 돈키호테'로 알려지게 될 것이었다.

이제 사랑할 여인을 구하는 것 외에는 더 필요한 것이 없었다.

그가 사는 근처의 마을 엘 토보소에는 '알돈사 로렌조'라는 이름의 매력적인 농부의 딸이 살고 있었다. 그가 한때 사랑에 빠졌었지만, 그녀는 그의 존재조차 모르고 있었다. 이 지체 높은 아가씨에게 어울릴 만한 이름을 고민한 끝에, 그녀를 '토보소의 둘시네아'라고 부르기로 했다. 이 호칭은 그에게는 자신과 자신의 말에 붙인 이름들과 마찬가지로 음악적이면서도 의미심장하게 여겨졌다.

p.22~23 이제 모든 준비가 끝났으므로 돈키호테는 출발을 지체하고 싶지 않았다. 세상에는 바로잡아야 할 잘못과, 고쳐야 할 부정과, 수행해야 할 의무가 많았기 때문이었다. 그래서 어느 날 새벽이 되기도 전에 갑옷을 갖춰 입고 로시난테에 올라 창과 방패를 들고 몬티엘이라는 시골로 출정했다. 돈키호테는 자신의 대모험의 시작이 그렇게 쉽게 이루어졌다는 사실에 매우 만족스러웠다. 그러나 시골을 지나고 있을 때 끔찍한 생각이 뇌리를 스쳤다. 그는 기사 작위를 받지 못했는데, 기사 법도에 따르면 이것은 자신이 다른 기사에 대항해 무기를 사용할 수 없다는 의미였다. 그는 이런 생각으로 주저했지만, 이미 그의 광기는 이성을 압도하고 있었기에 길가다 만나는 첫 번째 사람으로부터 기사 작위를 받아야겠다고 결심했다.

한동안 우리의 모험가는 여행을 계속했고, 장차 자신의 모험에 대해 쓰여질 기적 같은 이야기들을 생각하며 혼잣말로 중얼거렸다. 그는 아주 천천히 말을 몰았고 7월이었던 그날은 태양의 열기가 급속하게 달아올라서, 그의 뇌라도 녹여버릴 것 같았다. 그에게 뇌라는 게 있다면 말이다.

2장 | 돈키호테의 기사 작위식

p.26~27 돈키호테는 거의 하루 종일 이렇다 할 사건을 겪지 않고 여행을 계속했다. 저녁이 가까워지자 그는 너무 지치고 배가 고팠다. 성이나 양치기의 오두막을 발견할 수 있을까 하고 여기저기 둘러보던 차에 멀리 있는 여관 하나가 눈에 띄어 그곳을 향해 갔는데, 그곳에 도달했을 때는 날이 막 어두워지고 있었다.

여관 문가에는 머리는 엉망이고 맨발인 아가씨 두 명이 서 있었는데, 그들은 그날 밤 여관에 투숙한 노새 몰이꾼과 함께 세비야로 가는 길이었다.

돈키호테에게 여관은 네 개의 망루와 빛나는 은색 첨탑, 도개교, 해자가 있는 성으로 보였다. 말을 타고 이 성으로 다가간 그는 그곳에서 조금 떨어진 곳에 멈추고는 난쟁이가 나타나서 나팔을 불어 자신의 도착을 알리기를 기다렸다. 그곳에는 두 아가씨가 서 있는 것이 보였는데, 그에게는 성문 앞에서 쉬고 있는 아름다운 양갓집 규수거나 매력적인 귀부인으로 보였다.

바로 그때 근처에서 돼지치기가 길을 따라 돼지들을 몰고 가기 위해 뿔나팔을 한 번 불었다. 돈키호테에게 이 소리는 자신이 기다리던 환영의 나팔 신호로 들렸으므로, 여관과 귀부인들을 향해 말을 몰았다. 그러나 갑옷과 창과 방패까지 갖추고 완전 무장을 하고 달려오는 남자를 본 여자들은 기겁을 하고 여관 안으로 들어갔다.

돈키호테는 그들이 겁을 먹었다는 것을 알고 면갑을 올려 건조하고 지저분한 얼굴을 드러내고는 부드럽게 말했다. "숙녀분들은 저를 두려워할 필요가 없는데, 저는 기사이고 여러분들은 필시 지체 높은 집안의 규수들일 테니 말입니다."

p.28~29 두 여자는 돈키호테가 규수라는 호칭으로 자신들을 부르는 것을 듣고는 크게 웃음을 터뜨렸다. 돈키호테가 화를 내며 이렇게 말했다. "아름다우신 분들께서는 정숙하셔야 될 줄 아옵니다. 아무런 이유 없는 웃음은 바보스럽기 짝이 없는 일이니까요. 하지만 제 말은 그대들을 화나게 하려고 하는 말은 아닙니다. 저는 그저 그대들을 섬기고 싶을 따름입니다."

이러한 말에 여자들의 웃음소리는 더욱 커졌고 그의 분노도 커졌다. 그때 여관 주인이 나타나지 않았다면 정말 큰일이 벌어질 뻔했다. 남자는 굉장히 뚱뚱했지만 아주 온화한 사람이었다. 창과 방패와 맞지 않은 갑옷으로 무장한 돈키호테의 이상한 차림새를 본 주인은 웃고 싶은 마음이 들지 않았다. 대신 두려운 마음에 이렇게 말했다. "기사 나리, 원하신다면 먹을 것과 마실 것은 있지만, 저희 여관에는 남는 침대가 하나도 없습니다."

돈키호테는 성주의 공손한 태도에 만족하고는 "성주님, 나는 어떤 것도 괜찮습니다. 내 갑옷이 나의 유일한 옷이요, 내 유일한 휴식은 전투이니 말이오."라고 대답했다.

주인은 "그러시면 나리의 침대는 단단한 바위이고, 나리의 잠은 밤샘 불침번과 다름없겠군요."라고 말했다.

p.30~31 여관 주인은 돈키호테가 말에서 내리는 것을 매우 힘들어하자 말의 등자를 잡아 주었다. 돈키호테는 주인에게 로시난테가 세상에서 가장 훌륭한 말이라며 잘 돌봐달라고 부탁했다. 주인은 냉소적인 눈초리로 말을 보았지만, 말을 마구간으로 끌어다 놓았다.

주인이 손님의 청을 들으러 여관으로 돌아왔더니, 그 여자들은 돈키호테가 갑옷을 벗는 것을 도와주고 있었다. 여자들은 가슴받이와 등받이는 벗겨냈지만 녹색 줄로 단단히 매어 놓은 요상하게 만든 투구는 어떻게 벗겨야 할지 몰랐다. 여자들은 매듭을 풀 수 없었고, 돈키호테는 매듭을 자르는 것을 허락하지 않았기 때문에, 그는 저녁 내내 투구를 쓰고 있었다.

여자들은 식탁을 차렸고, 주인은 돈키호테에게 맛이 형편없는 대구 요리와 곰팡이가 슬어 있는 검은 빵 한 조각을 가져왔다. 그가 식사를 하는 광경은 가관이었다. 투구를 쓰고 면갑을 위로 올린 상태라 자신의 두 손으로는 입에 음식을 넣을 수가 없었으므로 여자들 중 한 명이 그에게 음식을 먹여 주어야 했다. 주인은 갈대의 한쪽 끝을 기사의 입에 넣고 다른 쪽으로 포도주를 부어 주었다.

p.32~33 돈키호테가 이런 식으로 음식을 먹고 있는 동안 돼지치기가 멀리서 나팔을 너덧 번 불었다. 그 소리를 들은 돈키호테는 자기가 분명 어떤 유명한 성에 와 있으며 사람들이 음악과 훌륭한 음식으로 자신을 성대하게 대접하고 있으며, 지체 높은 귀부인들과 성주가 시중을 들어주고 있다고 확신했다.

그러나 그는 아직 기사 작위를 받지 못한 것이 마음에 걸렸다. 기사 작위 없이는 합법적으로 어떤 모험에도 가담할 수 없기 때문이었다.

돈키호테는 이런 생각으로 괴로워서 서둘러 식사를 마쳤다. 그런 다음 여관 주인을 불러 마구간으로 따라오게 한 다음 그 앞에 무릎을 꿇었다. 주인이 다음 날 아침 기사 작위를 내려주겠다고 약속하자 그제야 돈키호테는 일어섰다.

주인은 이 손님이 제정신이 아닐지도 모른다는 생각을 이미 하고 있었지만, 이제는 이에 대해 확신하게 되었다. 주인은 장난을 쳐보기로 하고 자기가 훨씬 젊었을 때는 모험을 찾아 세상 곳곳을 돌아다녔으며, 은퇴하여 이 성에 살고 있다고 말했다. 이제는 계급이 무엇이든 모든 방랑 기사들을 환영하고 있다고 했다. 주인은 돈키호테에게 가진 돈이 있느냐고 물었다. 돈키호테는 방랑 기사가 돈을 가지고 다닌다는 얘기를 책에서 읽은 적이 없다며 자기는 돈이 없다고 대답했다.

p.34~35 주인은 돈키호테에게 방랑 기사는 깨끗한 셔츠와 상처 치료에 쓸 연고 상자와 함께 비상금을 가지고 다녀야 한다고 말해 주었다. 돈키호테는 주인의 충고를 따르겠다고 약속한 후 그날 밤 성 안의 예배당에서 갑옷을 지키기 위해 보초를 서도 되느냐고 물었다. 주인은 예배당은 수리 중이므로 마당에서 보초를 서도 된다고 말했다. 그래서 돈키호테는 자신의 갑옷을 우물 근처의 여물통에 집어넣었다. 그러고는 밤이 되자 방패와 창을 집어 들고 여물통 앞을 왔다갔다하기 시작했다.

주인은 여관의 손님들에게 그 손님이 미쳤다고 얘기했다. 사람들은 모두 돈키호테의 광기에 대해 의아해하면서 그가 이리저리 서성거리는 모습을 지켜보았다. 그는 가끔씩 멈춰 서서 창에 기대어 갑옷을 물끄러미 보았다. 달빛이 휘영청 밝아서 모든 사람들이 이 초보 기사의 일거수일투족을 볼 수 있었다.

그러는 중에 노새 몰이꾼 중 한 명이 자신의 노새들에게 물을 주려고 여물통 근처로 다가왔다.

돈키호테가 우렁찬 목소리로 말했다. "조심하시오. 목숨을 부지하고 싶거든 갑옷에 손을 대지 말지어다."

노새 몰이꾼은 그의 말을 무시했다. 그는 갑옷의 띠를 잡아 그에게서 멀찍이 집어던져 버렸다. 이것을 보자 돈키호테는 창을 두 손으로 높이 들어 노새 몰이꾼의 머리를 강하게 내리쳤고 노새 몰이꾼은 땅바닥에 대자로 뻗고 말았다. 이렇게 하고 나서 돈키호테는 갑옷을 다시 여물통 속에 집어넣고 전과 다름없이 차분하게 순찰 지역으로 돌아갔다.

이 일이 있고 잠시 후 다른 노새 몰이꾼이 자신의 노새들에게 물을 먹이기 위해 다가왔고 돈키호테는 이번에는 아무 말 없이 다시 한 번 창을 들어 올렸고, 노새 몰이꾼의 머리를 네 군데나 내리찍었다.

p.36~37 부상을 입은 노새 몰이꾼의 동료들이 달려 나와서 여관 주인이 돈키호테를 내버려 두라고 외칠 때까지 돈키호테에게 돌을 던지기 시작했다.

주인은 "저자는 미쳤다고 내가 이미 얘기하지 않았소? 그가 당신들 모두를 죽인다 해도 그에게 책임을 물을 수는 없을 것이오."라고 외쳤다.

마침내 사람들은 돌 던지는 것을 멈추었고, 돈키호테는 그들이 부상당한 동료들을 데려가도록 허용했다. 그리고 전과 같은 침착함과 평온함으로 다시 갑옷을 지키기 시작했다.

여관 주인은 다른 불행한 사태가 벌어지기 전에 그 미친 손님에게 기사 작위를 주어 빨리 일을 마무리 지어야겠다고 생각했다. 그는 돈키호테에게 다가가서 다른 손님들의 무례한 행동에 대해 사과했다. 그런 다음 기사 서품식이 당장 그 자리에서 이루어져야 한다고 설득조로 제안했다. 기사 작위를 수여하는 데 꼭 예배당이 있어야 하는 것도 아니고, 사실 들판 한가운데에서도 그것이 가능하다고 말했다. 돈키호테는 이 말을 모두 믿고는 서두르자고 했는데, 기사로서 그런 공격을 다시 받으면 성주가 용서해 달라는 사람을 제외하고는 성 안의 모든 사람들을 처치할 자격이 주어지기 때문이라고 했다. 그는 갑옷을 다시 입고 여관 주인의 말을 따를 준비를 갖추었다고 말했다.

p.38~39 겁이 난 여관 주인은 노새 몰이꾼에게 제공한 짚과 귀리를 기록하는 회계 장부를 가지고 나왔다. 주인은 한 소년에게 초를 들게 하고는 두 명의 여자들과 함께 돈키호테가 서 있는 곳으로 가서 그에게 무릎을 꿇으라고 했다. 그리고 마치 경건한 기도문을 중얼거리는 것처럼 장부책을 읽었다. 그는 손을 들어 올려 돈키호테의 목을 치고 난 후 자기 칼로 돈키호테의 어깨를 가볍게 두드렸다.

그리고 나서 여자들 중 한 명에게 돈키호테에게 칼을 건네주라고 지시했고, 여자는 극도로 자제하며 진지하게 시키는 대로 했는데, 터져 나오는 웃음을 참기 위해 그럴 수밖에 없었다.

이제 돈키호테는 기사가 되었으므로 즉시 모험을 찾아 떠나고 싶었다. 그는 로시난 테에 안장을 채운 후 주인을 포옹하며 기사 작위를 수여해 준 것에 대해 감사를 표했다. 여관 주인은 정중하게 대답한 후 숙박비도 받지 않고 그를 어둠 속으로 떠나보냈다.

3장 | 상인과 풍차

p.42~43 돈키호테는 기사 작위를 받고 굉장히 들떠 있었지만 자기 마을 쪽으로 로 시난테의 말머리를 돌렸다. 모험에 나서기 전에 돈과 깨끗한 셔츠, 하인도 필요했던 것이다.

2 마일쯤 갔을 때 돈키호테는 한 무리의 사람들을 만났는데, 그들은 톨레도에서 온 상인들로서 비단을 사러 무르시아로 가는 길이었다. 그들 중 여섯 명은 양산을 쓰고 있었고 네 명의 하인은 말을 타고 있었으며 세 명의 노새 몰이꾼들은 걷고 있었다. 돈 키호테는 그들을 보자마자 길 한가운데 버티고 서서, 상인들이 다가오기를 기다렸는데, 이들이 방랑 기사가 분명하다고 생각했기 때문이다.

상인들이 눈에 들어오고 말소리도 들릴 만큼 가까이 다가오자 돈키호테가 소리쳤다. "멈춰라. 이 세상에서 라만차의 황후, 비길 데 없는 토보소의 둘시네아보다 더 아름다운 아가씨가 없다는 사실을 인정하기 전에는 이곳을 지나가지 못하리라."

상인들은 그 이상한 몰골을 보고 그가 지껄이는 이상한 말을 듣고 멈춰 섰다. 그들은 그 남자가 제정신이 아니라는 것을 금방 알아챘지만, 왜 그런 인정을 하라고 하는지 알고 싶어졌다.

p.44~45 상인들 중 장난을 좋아하는 한 사람이 그에게 말했다. "기사님, 저희는 기사님이 말씀하시는 그 훌륭한 아가씨가 누구인지 모릅니다. 저희에게 그 아가씨의 초상화를 보여 주십시오. 그러면 그분이 한쪽 눈이 멀고 또 한 눈에서는 주홍 색소와 유황이 방울져 떨어진다 할지라도, 기사님이 원하시는 대로 인정해 드리겠습니다."

돈키호테는 분노가 끓어올라 말했다. "아가씨의 눈에서는 아무것도 흐르지 않는다,

이 비열한 놈들아. 그리고 그녀는 한쪽 눈이 멀지도 않다. 허나 너희들은 나의 여인을 모독한 죄의 대가를 치러야 할 것이다."

돈키호테는 창을 겨누어 그 말을 했던 상인을 향해 돌진했다. 돈키호테의 공격이 무척 맹렬했기 때문에 만일 로시난테가 발을 헛디뎌 넘어지지 않았다면 그 상인은 죽음을 면하기 어려웠을 것이다. 하지만 로시난테가 고꾸라지면서 돈키호테도 솟구쳐 올라 땅에서 한참을 나뒹굴었다. 그는 일어서려 했으나 낡은 갑옷의 무게 때문에 일어설 수가 없었다.

일어서려고 안간힘을 쓰면서 그는 이렇게 말했다. "달아나지 말고 싸우라, 이 겁쟁이들아!"

노새 몰이꾼 중 한 명이 돈키호테의 창을 집어 들어 그를 마구 패기 시작했는데, 마치 밀을 타작하듯이 돈키호테를 후려쳤다. 넘어진 돈키호테의 갑옷 위로 창이 산산조각 났다. 폭풍우 같은 매질을 당하는 동안에도 돈키호테는 그 사악한 악당들을 위협하기를 한 번도 멈추지 않았다. 결국 노새 몰이꾼은 힘이 빠졌고, 상인들은 다시 갈 길을 가기 시작했다.

p.46~47 혼자 남았다는 사실을 깨달은 돈키호테는 다시 일어서려고 애를 썼지만 자신의 능력 밖이라는 사실을 깨달았다. 한동안 쓰러진 자리에 뻗어 있으면서 일어서려고 계속 발버둥을 쳤지만 헛수고였다. 마침 다행스럽게도 한 동네에 사는 농부 하나가 그가 널브러져 있는 것을 보고는 가까이 다가갔다. 농부는 돈키호테를 알아보았고 무슨 일이냐고 물었다. 쓰러진 돈키호테 입에서 튀어 나오는 헛소리를 듣고 농부는 돈키호테가 제정신이 아님을 즉각 알아차렸다.

그래서 농부는 돈키호테를 도와 땅에서 일어나게 한 다음 자신의 당나귀 위에 올려 태우고, 부러진 창 도막까지 무기들을 모두 주워 로시난테 등에 묶었다. 그런 다음 로시난테의 굴레와 당나귀의 고삐를 쥐고 마을로 걸어갔다. 돈키호테가 중얼거리는 엉터리 소리를 들으며 그의 시름이 깊어졌다.

날이 어두워질 무렵 그들은 마을에 도착했지만, 농부는 깜깜해지기를 기다렸다. 마을 사람들에게 이 귀족이 당나귀에 올라 타 미친 헛소리를 외치는 모습을 보여주고 싶지 않았기 때문이었다. 적당한 때가 된 듯하자 농부는 마을로 들어가 돈키호테의 집으로 갔다.

p.48~49 돈키호테의 집 안에서는 온통 난리가 벌어지고 있음을 농부는 알아차렸다. 가정부가 신부와 이발사에게 주인 양반이 사흘째 안 보인다고 말하고 있었다.

조카딸은 이발사에게 "니콜라스 선생님, 이 사실은 아셔야 해요. 그게 다 이 책들 때문이라고요! 몇 날 며칠을 쉬지 않고 이 책들을 읽고 나서 기사가 되겠다는 몽상을 한 거라고요. 이 빌어먹을 책들을 불태웠다면 숙부님을 말릴 수 있었을 텐데요."

"맞습니다! 내일 당장 이 책들을 불태웁시다. 그러면 이 책들 때문에 다른 누군가가 우리 친구가 했던 것 같은 그런 행동을 하는 일은 일어나지 않겠지요." 신부가 말했다.

바로 그때, 농부가 이들을 불렀다. 가정부와 이발사, 신부, 조카딸은 모두 서둘러 밖으로 나왔으며 당나귀 등에 있는 돈키호테를 알아보고는 탄성을 질렀다.

그들은 그가 내리도록 도와준 다음 즉시 침대로 옮겼다. 그의 몸을 살펴보니 몇 군데 멍은 발견했지만, 피가 나는 데는 없었다. 돈키호테는 그 멍은 세상에서 발견할 수 있는 가장 크고 사나운 거인 열 명과 싸우다 얻은 것이라고 주장했다.

"먹을 것을 좀 주고 잠을 자게 해다오." 돈키호테는 이렇게 요구했다.

그들은 그렇게 해 주었고, 신부는 돈키호테를 구해온 농부에게 꼬치꼬치 물어 보았다. 농부는 모두 말해 주었고, 이로 인해 신부는 그 책들을 불태워야겠다는 전의를 다지게 되었다.

p.50~51 책 화형식은 다음 날 돈키호테가 침대에 쉬고 있는 동안 실행되었다. 그리고 신부와 이발사는 책이 있었던 방을 벽으로 막고 회칠을 했다. 며칠 뒤 돈키호테가 책들의 행방을 물었을 때, 그는 마술사 프리스턴이 서재며 그 안에 든 책들을 모두 가져가 버렸다는 대답을 들었다.

돈키호테는 15일 동안 집에 있었다. 그는 조용히 침착하게 지냈는데, 이로 인해 친구들과 친척들은 그가 모험을 계속할 마음이 없다고 확신하며 기뻐했다. 그러나 그들은 잘못 생각하고 있었다. 그들 모르게 돈키호테는 이웃인 산초 판사와 많은 시간을 보냈는데, 그에게 다음 출정 길에 동행하자고 꼬였던 것이다. 돈키호테는 모험을 하다 보면 분명히 섬을 하나 획득할 텐데, 그러면 그를 그 섬의 총독으로 삼겠다고 약속했

다. 마침내 산초는 돈키호테의 하인이 되기 위해 아내와 자식들을 남겨 두고 떠나기로 했다.

돈키호테는 이제 돈을 마련하는 일에 착수했다. 비록 밑지기는 했지만 물건들을 팔거나 저당 잡히면서 상당한 돈을 모았다. 그는 여벌의 옷을 꾸리고, 방패를 빌리고 망가진 투구도 최대한 수선했다.

p.52~53 돈키호테는 하인인 산초에게 떠날 날짜와 시간을 말해 주었다. 그리고 산초에게 안장 자루를 잊지 않고 가져가는 것이 가장 중요하다는 사실을 일깨워 주었다. 산초는 분부대로 하겠으며, 자신은 걷는 것을 별로 좋아하지 않으므로 자기가 갖고 있는 훌륭한 당나귀 한 마리도 데려가겠다고 말했다. 돈키호테는 당나귀 문제에 대해서는 약간 주저하며 당나귀를 타고 가는 기사의 하인 이야기를 읽은 적이 있는지 기억해 내려 애썼다. 그런 하인을 생각해 낼 수 없었지만 당나귀도 데려가기로 했다. 그래서 어느 날 밤, 그 누구에게도 작별 인사를 하지 않고 두 사람은 출정에 나섰다.

안장 자루와 포도주 부대를 싣고 당나귀에 오른 산초는 돈키호테가 약속한 대로 섬의 총독이 된다는 꿈에 부풀어 있었다. 두 사람은 꽤 멀리 갔는데 날이 밝아올 즈음에는 아무도 그들을 찾지 못하리라는 확신이 들었다.

돈키호테는 첫 번째 출정 때와 마찬가지로 몬티엘 평원을 가로지르는 길을 택하기로 했다. 아직은 이른 아침이어서 지난번만큼 열기가 그를 괴롭히지는 않았다.

p.54~55 점심때쯤, 돈키호테와 산초의 눈에 30, 40대의 풍차가 들어왔고, 돈키호테는 이를 보자마자 하인에게 말했다. "행운의 여신은 우리 편이군, 산초. 보게나, 30명도 넘는 거대한 거인들이 우리를 기다리고 있네. 나는 저들과 전투를 벌여 모두 처치할 생각이네. 녀석들의 보물을 빼앗으면 우리는 부자가 될 걸세. 그리고 하느님께서도 사악한 거인들을 없앤 것에 기뻐하실 거네."

"무슨 거인 말씀이신지?" 산초가 물었다.

"저기 기다란 팔을 가진 녀석들 말이야." 돈키호테가 대답했다.

"저건 거인이 아니라 풍차입니다. 팔처럼 보이는 건 바람에 돌아가는 날개이고요." 산초가 말했다.

"자넨 기사와 이런 종류의 모험을 통 모르는구먼." 돈키호테는 로시난테에게 박차를 가하며 말했다. "저건 거인이야. 겁이 나면 내가 저들과 전투를 벌이는 동안 기도

나 올리고 있게."

산초가 돈키호테에게 계속 경고하는 소리를 지르는 동안 돈키호테는 풍차를 향해 달려갔다. 하지만 돈키호테는 산초가 외치는 소리를 듣지 못했고, 거인들이 실제로 무엇인지도 알지 못했다. 그는 풍차를 향해 달려가며 이렇게 외쳤다. "달아나지 마라, 이 비열한 겁쟁이들아, 나 혼자 너희들을 상대해 줄테니."

p.56~57 이때 바람이 약간 불었고 풍차의 거대한 날개들이 움직이기 시작했다. 그 모습을 본 돈키호테가 소리쳤다. "너희들이 거인 브리아레우스보다 팔이 많다 해도 내가 너희들을 물리칠 것이다." 그러고 나서 돈키호테는 자신의 여인인 둘시네아에게 위험에 처한 자신을 보호해 달라고 간청한 뒤 로시난테를 전속력으로 몰아 돌진했다.

창을 길게 내뻗고 방패로 몸을 가린 채 맨 먼저 도착한 첫 번째 풍차를 공격했다. 그러나 창끝으로 풍차 날개를 찌르자, 바람에 의해 날개가 세차게 돌며 창이 산산이 부서졌다. 날개는 계속 돌았고 말과 그 위에 타고 있던 기사가 함께 딸려가 들판으로 나뒹구러졌다. 산초는 그를 돕기 위해 급히 갔으나, 돈키호테는 충격을 받고 옴짝달싹 못하고 있었다.

"맙소사, 제가 풍차라고 했잖아요!" 산초가 말했다.

"조용히 하게, 친구. 실은 내 서재와 책을 가져간 마법사 프리스톤이 거인들을 풍차로 변하게 한 걸세. 그는 내가 거인들을 무찌르는 영광을 빼앗고 싶어 하지만 결국 그의 사악한 술책은 나의 칼 앞에서 실패하고 말 걸세." 돈키호테가 말했다.

"하느님의 뜻대로 되겠죠." 산초 판사는 이렇게 대답했다.

p.58~59 그는 돈키호테를 부축해서 로시난테에 태웠는데, 말도 어깨뼈가 탈구된 것처럼 보였다.

"몸을 좀 똑바로 세우셔야 되는데, 아마 떨어지면서 몸이 한쪽으로 기우신 것 같아요." 산초가 말했다.

"사실이네. 나는 아프다는 얘기를 하지 않네. 방랑 기사는 부상당한 곳에서 창자가 쏟아진다 해도 그 아픔을 호소해서는 안 되기 때문이지." 돈키호테가 말했다.

"그런 법도가 있다면야 인정해 드려야죠. 하지만 소인 생각에는 어디가 아프시면 아프다고 말씀을 하시는 게 좋겠어요. 아픔을 입 밖에 내지 말아야 한다는 법도는 방랑 기사의 하인에게는 해당이 안 되면 좋겠네요."

돈키호테는 하인의 단순한 생각에 웃음을 참을 수가 없었다. 그는 하인에게 아프면 얼마든지 아프다고 해도 된다고 확실히 말해주었다.

산초는 배가 고프냐고 물어보았지만 돈키호테는 지금은 아무것도 먹고 싶지 않다고 대답했다. 그래서 산초는 당나귀에 가장 편한 자세로 앉아 안장 자루에서 차가운 양고기를 약간 꺼내어 돈키호테의 뒤를 따라가며 천천히 먹었다. 이따금씩 포도주 부대에서 포도주도 마셨다.

p.60~61 　결국 돈키호테와 산초는 그날 밤을 나무들 틈에서 보냈다. 돈키호테는 나무들 중에서 마른 가지 하나를 잘라 창을 만들었다. 자신의 것은 풍차와 싸우다 산산조각이 났기 때문이다. 그날 밤 내내 돈키호테는 자신의 여인 둘시네아를 생각하며 깨어 있었다.

산초는 배가 부른 탓에 세상모르게 잠을 잤다. 주인이 그를 부르지 않았다면, 얼굴을 내리치는 햇살도 새날을 반기는 새들의 온갖 지저귐도 그를 깨우지 못했을 것이다.

일어나자마자 그는 포도주 부대에 손을 대었지만 거의 빈 것을 알고는 몹시 슬퍼졌다.

두 사람은 다시 푸에르토 라피세로 향하는 길에 나섰고 오후 서너 시쯤 목적지가 눈에 들어왔다.

돈키호테가 말했다. "이곳에서 우리는 많은 모험을 겪을 것이네. 하지만 나를 공격하는 자들이 오합지졸의 무리가 아닌 한 자네는 나를 보호하기 위해 칼에 손을 대서는 안 되네. 그러나 상대가 기사라면, 기사도에 따라 자네가 기사 작위를 받기 전까지는 나를 돕는 게 용납될 수 없네. 오직 기사만이 기사를 상대로 싸울 수 있다네."

"여부가 있겠습니까, 나리. 이 문제는 나리 분부만 따르겠습니다. 소인은 말썽거리나 다툼을 좋아하지 않으니까요. 하지만 자기방어를 위해서라면 인간의 법이든 하느님의 법이든 공격자로부터 자신을 지키는 것은 허용하고 있죠." 산초가 대답했다.

4장 | 수도사와 양떼

p.64~65 　돈키호테와 산초가 이야기를 나누는 동안, 길에 성 베네딕트 수도회 수도사 두 명이 나타났다. 그들은 노새를 타고 양산을 들고 있었다. 그들과 함께 두 명의

노새 몰이꾼이 걸어오고 있었다. 수도사 뒤에는 노새를 탄 너덧 명의 호위를 받는 마차가 오고 있었다. 마차 안에는 세비야로 가는 한 부인이 타고 있었는데, 세비야에는 그녀의 남편이 높은 지위에 임명되어서 중남미로 나갈 예정이었다. 수도사들은 같은 길을 가고 있었지만 부인과 일행이 아니었다.

그러나 돈키호테는 그들을 보자마자 하인에게 말했다. "이건 예전에 볼 수 없던 가장 유명한 모험이 되겠군. 검은 옷을 입은 사람들은 공주를 납치해서 마차에 싣고 가는 마법사들이 틀림없어. 내 공주를 구해야 하리라."

"풍차 사건보다 더 심각한 사건이 되겠는데. 보십시오, 나리, 저들은 성 베네딕트 수도회 수도사들이고 마차는 여행자들이 분명하고요. 정신 차리시고 악마에 홀리지 마십시오." 산초가 말했다.

"산초, 벌써 말하지 않았는가. 모험에 대해 자네는 아는 게 별로 없네. 내 말이 진실임을 곧 알게 될 걸세." 돈키호테가 대답했다.

돈키호테는 앞으로 나아가 길 한가운데 멈춰 섰다.

p.66~67 수도사들이 다가오자 돈키호테가 소리쳤다. "악마 같은 극악무도한 놈들아, 납치해 가는 공주님을 당장 풀어드리지 못할까. 그렇지 않으면 너희들의 못된 짓에 대한 벌로 곧 죽음을 맞게 될 것이다."

수도사들은 나귀를 멈추고 돈키호테의 출현과 말에 의아해했다.

그들 중 한 명이 입을 열었다. "나리, 우리는 길을 가고 있는 성 베네딕트 수도회 소속의 두 수도사들입니다. 우리는 이 마차 안에 납치된 공주가 타고 있는지 어떤지 모릅니다."

"이 거짓말쟁이 족속들아."

이렇게 말한 돈키호테는 대답을 기다리지도 않고, 로시난테에 박차를 가해 분노와 결의에 찬 표정으로 첫 번째 수도사를 향했다. 수도사는 노새에서 몸을 던져 가까스로 심각한 부상을 피했다. 두 번째 수도사는 동료가 당하는 모습을 보고는 노새를 발꿈치로 걷어차 바람보다 날쌔게 달아났다. 산초는 당나귀에서 내려 땅에 쓰러진 수도사의 수도복을 벗기기 시작했다. 노새 몰이꾼들이 다가와서 무엇을 하느냐고 물었다. 산초는 그 옷은 그의 주인이 전투에서 획득한 전리품이므로 당연히 자기 것이라고 말했다. 노새 몰이꾼들은 산초를 넘어뜨리고 걷어찼고, 그는 결국 인사불성이 되었다. 그리고 나서 그들은 겁에 질린 수도사를 일으켜 다시 노새에 태웠다. 그 수도사는 박차를 가해 멀리서 지켜보고 있던 동료의 뒤를 따라갔다. 그리고 그들은 악마가 쫓아오는 것처럼 성호를 계속 그으며 갈 길을 재촉했다. 노새 몰이꾼도 같은 방향으로 빠른 걸음으로 쫓아갔다.

p.68~69 그동안 돈키호테는 마차에 타고 있는 부인에게 말을 걸고 있었다.

"부인, 부인을 납치한 무리의 두목을 무찔렀습니다. 부인은 이제 자유이십니다. 저는 라만차의 돈키호테입니다. 제가 베푼 은혜의 대가로 부인에게 단 한 가지 요청 드릴 것은 토보소로 돌아가셔서 둘시네아 아가씨를 뵙고 부인을 풀어드리기 위해 제가 한 일에 대해 말씀해 주시는 것입니다."

마차를 호위하고 따라오던 하인들 중에 바스크 출신이 한 명 있었는데, 그가 귀를 기울이고 있다가 돈키호테가 마차보고 즉시 토보소로 돌아가라고 말하는 것을 들었다. 그래서 그는 창을 잡고 돈키호테에게 꺼져 버리라고 말했다. 돈키호테는 거

절하며 이 바스크인을 겁쟁이라고 불렀다.

바스크인이 결투를 청했으므로 돈키호테는 칼을 뽑고 방패를 들어 바스크인을 공격했다. 두 사람은 철천지원수처럼 맞붙어 싸웠다. 바스크인은 돈키호테의 어깨를 세게 내리쳤다. 돈키호테가 갑옷을 입고 있지 않았다면 칼날이 허리까지 들어갔을 것이지만, 이로 인해 투구의 일부와 귀 반쪽을 잃는 상처를 입었다.

p.70~71 돈키호테는 두 손으로 칼을 잡고 바스크인의 머리를 무섭게 내리쳤다. 바스크인은 코, 귀, 입에서 피를 흘리기 시작하더니 노새에서 뒤로 굴러 떨어졌다. 돈키호테는 말에서 뛰어내려 바스크인에게 달려갔다. 그는 항복하라고 명령하면서, 그러지 않으면 목을 자르겠다고 말했다. 바스크인은 너무 당황하여 대답을 하지 못했다. 귀부인이 마차에서 뛰어나와 돈키호테에게 달려가더니 하인의 목숨을 살려달라고 애원했다. 돈키호테는 당당하고 근엄한 말투로 대답했다. "이 자는 벌을 받아 마땅하지만 더 이상 해치진 않겠습니다."

산초는 주인이 로시난테에 올라타려고 돌아가는 것을 보자, 돈키호테를 위해 등자를 잡아 주려고 그쪽으로 다가갔다. 그런 다음 돈키호테 앞에 무릎을 꿇고 그의 손을 잡고 입을 맞추며 말했다. "이 힘든 전투에서 쟁취한 섬을 이제 제가 통치할 수 있게 해주실 거죠?"

이에 대해 돈키호테는 이렇게 대답했다. "이런 모험은 섬을 얻기 위한 것이 아니라네. 참고 기다리게나, 자네를 총독뿐 아니라 그보다 더한 자리도 만들어 줄 모험들이 찾아올 테니까."

산초는 돈키호테에게 감사의 말을 전하고 돈키호테의 다친 귀를 돌본 다음 그가 로시난테에 올라타는 것을 도와주었다. 그리고 자신도 당나귀에 올라타고 주인의 뒤를 따라갔으며, 돈키호테는 마차 안에 있는 귀부인에게는 더 이상 아무 말도 하지 않고 자리를 떴다.

`p.72~73` 곧 돈키호테는 그들이 가는 길을 따라 커다란 짙은 먼지 구름이 다가오고 있는 것을 보았다. 그것을 본 돈키호테는 산초에게 돌아서서 말했다. "산초, 오늘이 그 날이야, 운명의 신이 나의 행운을 보여줄 그 날. 저기 먼지 구름이 일어나는 게 보이나? 저건 우리를 향해 진격해 오는 대군이 일으키고 있는 것일세."

"그럼, 두 개의 군대가 있는 것이 분명하군요. 우리 뒤쪽으로 또 다른 먼지 구름이 일고 있거든요." 산초가 말했다.

돈키호테가 뒤를 돌아보고는 그 말이 사실임을 깨달았다. 그는 그 먼지 구름이 곧 전투를 벌일 두 군대라고 생각하자 기쁨으로 가득 찼다.

사실 그가 본 먼지 구름은 같은 길에서 서로 마주보고 오는 두 양떼가 일으킨 것이었다. 그러나 먼지 때문에 양들은 아주 가까이 다가오기 전까지 보이지 않았다. 돈키호테가 먼지 구름이 군대라고 너무나도 확신하고 있었으므로 산초는 그의 말을 믿고 어떻게 해야 하느냐고 물었다.

"우리는 약하고 힘없는 사람들을 보호하고 지켜야 하네. 우리 앞에 있는 군대는 트라포바나라는 큰 섬의 주인인 강력한 황제 알리판파론이 이끌고 있네. 우리 뒤에 있는 군대는 그 황제의 적인 펜타폴린의 군대야."

"그런데 왜 이 귀족은 서로를 그렇게 싫어하나요?" 산초가 물었다.

"그들이 서로 싫어하는 이유는 알리판파론이 펜타폴린의 딸과 사랑에 빠졌기 때문이야. 펜타폴린은 알리판파론이 마호메트의 종교를 버리고 기독교로 개종하지 않는 한 딸을 주고 싶어 하지 않거든." 돈키호테가 말했다.

p.74~75 그들은 언덕 꼭대기로 올라갔는데, 그곳에서는 먼지 구름이 뚝뚝히 보였다. 아직은 먼지밖에 보이지 않았지만 돈키호테는 언제나처럼 없는 존재를 보고 있었다.

"저기 황금 갑옷을 입은 기사가 용맹스런 로르칼코일세. 황금꽃으로 장식된 갑옷을 입은 기사는 미코코렘보이고, 그리고 그의 오른쪽에 거대한 팔다리를 한 사람은 두려움을 모르는 브란다바르바란 데 볼리체지."

그리고 돈키호테는 양 군대의 여러 기사들의 이름을 연신 창조해 내었다. 그는 상상 속에 너무나 심취해 있었기 때문에 모든 것을 자세히 묘사했다. 산초는 말 한마디 한마디를 묵묵히 듣고 있었다. 그는 주인이 말하는 그 기사들과 거인들을 찾아보았지만 보이지 않자, 주인에게 자신의 눈에는 그들이 보이지 않는다고 말했다.

"자네가 제대로 보거나 듣지 못하는 건 두려움 때문이네. 두려움은 감각을 흐리게 하고 사물을 실제와 다르게 보게 만들 수도 있지. 그렇게 겁이 나면 어디 물러나서 나를 내버려 두게나."

돈키호테는 이렇게 말하고 로시난테에게 박차를 가하며 전광석화처럼 산기슭을 달려 내려갔다.

산초가 뒤에서 소리를 질렀다. "돌아오세요, 나리. 나리는 지금 양떼를 공격하고 있는 거예요! 돌아오세요! 무슨 미친 짓입니까! 뭐 하시는 거예요?"

그러나 돈키호테의 귀에는 산초의 말이 들리지 않았다. 돈키호테는 양떼 한가운데로 뛰어들어 창으로 양들을 찌르기 시작했다.

p.76~77 양치기들이 멈추라고 소리치며 달려왔다. 하지만 소용이 없자 새총을 꺼내어 그의 귀를 겨냥해 주먹만한 돌멩이를 날리기 시작했다. 돈키호테는 날아오는 돌을 무시한 채 이리저리 뛰어다니며 이렇게 외쳤다. "알리판파론은 어디에 있느냐? 나에게 덤벼라. 나는 너의 힘을 시험하고, 펜타폴린에게 저지른 잘못에 대한 벌로 너의 목

숨을 가져가기를 원하노라.”

그 순간 날아온 돌이 돈키호테의 갈비뼈를 맞췄다. 그 충격이 너무 심해서 돈키호테는 자기가 죽었거나 큰 부상을 당했다고 생각했다. 그는 마법의 물약 생각이 나서 약병을 꺼내어 입으로 가져갔다. 그러나 충분히 삼키기도 전에 또 다른 돌이 날아왔다! 돌은 그의 이 서너 개를 부러뜨리며 손가락 두 개도 강타했다. 그 충격으로 그는 말에서 굴러 떨어지고 말았다.

양치기들이 달려왔고 자기들이 그를 죽였다고 생각했다. 그래서 재빨리 양들을 모으고 죽은 동물들을 수거한 후 즉시 자리를 떴다. 산초는 양치기들이 떠난 것을 알고는 산기슭을 뛰어 내려가 돈키호테에게 달려가서는, 그가 심하게 다쳤지만 의식은 있다는 것을 알아냈다.

“나리, 나리가 공격한 건 군대가 아니라 양떼라고 제가 말씀드렸잖아요.” 산초가 소리쳤다.

p.78~79 돈키호테가 말했다. “마법사들이 자기네가 마음먹은 것을 우리에게 믿게끔 하는 건 쉬운 일임을 알아야 하네. 이 악당은 그 군대들을 양떼로 둔갑시킨 것이야. 내 말이 믿기지 않는다면 그들을 쫓아가 보게. 그러면 그들이 양의 탈을 벗고 사람의 모습으로 돌아오는 걸 보게 될 거야. 하지만 아직은 가지 말게나! 자네 도움이 필요하니까 말이야. 이리 와서 내 이가 몇 개나 부러졌는지 봐 주게. 입 안에 이가 하나도 남지 않은 것 같아.”

산초는 너무 가까이 다가가 눈이 거의 주인의 입에 닿을 정도가 되었다. 바로 그 순간 약물이 돈키호테의 뱃속에서 발동을 하여 돈키호테는 대포가 발사될 때보다 더 강한 힘으로 뱃속의 내용물을 토해냈다. 그 모든 토사물이 하인의 얼굴을 강타했다. 산초도 이에 너무 비위가 상해 주인의 몸에 죄다 토하고 말았다.

산초는 몸을 닦을 것과 주인을 치료해 줄 약을 찾으러 자신의 당나귀에게 재빨리 달려갔다. 그러나 안장 자루가 사라진 것을 보고 거의 미칠 지경이 되었다.

“안장 자루에는 소인의 귀중품이며, 약이며, 우리의 모든 음식이 들어 있었어요.” 산초가 말했다.

“음, 지금 나는 그 무엇보다 빵 한 덩어리와

정어리 두어 마리를 먹으면 좋겠는데. 하지만 당나귀를 타고 나를 따르게. 우리가 이 토록 열심히 하느님께 봉사하고 있는데 하느님이 우리를 저버리시지는 않을 걸세."

"나리가 무슨 말씀을 하시든, 그렇다 치고요. 이제 이곳을 떠나 밤을 지낼 곳을 찾아 보죠." 산초가 말했다.

그날 밤, 그들은 별빛 아래 잠을 잤고, 굶주린 채 잠에서 깼다.

5장 | 몬테시노스 동굴

p.82~83 돈키호테는 라만차의 심장부에 있는 몬테시노스 동굴에 들어가 동굴에 얽 힌 신비로운 이야기가 진실인지 자신의 눈으로 직접 확인하고 싶은 생각이 간절했다. 그리하여 돈키호테와 산초는 100길 길이의 밧줄을 구입해 다음 날 동굴에 도착했다.

산초는 밧줄의 한쪽 끝을 돈키호테의 가슴에 단단히 묶었다. 그러자 돈키호테는 무 릎을 꿇더니 이 위험한 모험을 성공할 수 있도록 허락해 달라고 조용히 하느님께 기도 를 올렸다.

그리고 큰 소리로 이렇게 외쳤다. "오, 나의 비길 데 없는 토 보소의 둘시네아여, 나는 지금 내 앞에 있는 이 심연에 몸 을 던지고자 하니 내게는 지금 그대의 은혜와 보호가 필요하오. 그대가 나를 도와준다면 내가 이루지 못 할 일이 없소."

돈키호테는 일어섰고, 산초가 밧줄을 풀어 주는 동안 돈키호테는 무시무시한 동굴 아래쪽으로 내려 갔다. 돈키호테가 동굴 속으로 내려갈 때, 산초는 그 뒤에서 수천 번의 성호를 그으며 신의 은총을 빌면서 이렇게 말했다. "하느님, 나리를 세상의 빛으로 무사히 보내 주시옵소서!"

p.84~85 돈키호테는 밧줄을 더 풀어 달라고 외쳤고, 산초는 100길 길이를 다 풀어 낼 때까지 밧줄을 천천히 놓아주었다. 산초는 30분 정도 기다리다가 다시 밧줄을 감 아올렸다. 밧줄을 20길쯤 감아올렸을 때 무게가 느껴지자 산초는 기분이 밝아졌다. 10길 정도 남자 돈키호테의 모습이 보였고 산초는 이렇게 외쳤다. "어서 오십시오, 나리. 소인은 나리께서 동굴 밑에 남아 살림이라도 차리시려는 줄 알았습니다."

그러나 돈키호테는 한마디도 하지 않았고, 산초는 그의 눈이 감겨져 있는 것을 보았다.

산초가 돈키호테의 몸에서 밧줄을 풀고 이
리저리 흔들자 돈키호테는 마침내 눈을
뜨더니 마치 깊은 잠에서 깨어나는 것
처럼 기지개를 켰다.
　돈키호테는 주위를 둘러보며 슬
픔에 차서 이렇게 말했다. "부디 신
께서 자네를 용서해 주시기를, 인간
이 한 번도 보지 못한 가장 즐거운 광경
을 보는 나를 데려왔으니 말일세. 이제 나는 이승의
모든 즐거움은 꿈처럼 지나간다는 것을 깨달았다네!"
　산초는 돈키호테에게 저 지옥 속에서 무엇을 보았는지 이야기해 달라고 간청했다.
　"그런 이름으로 부르지 말게. 이제 알게 되겠지만 그곳은 그런 이름을 받을 만하지
않아." 돈키호테가 말했다.

`p.86~87`　그러더니 돈키호테는 다음과 같이 이야기를 시작했다.

　잘 듣게나. 동굴 오른편으로 사람 키의 12배 정도 되는 깊이까지 내려가면 넓은 공
간이 나타나네. 벽의 몇 군데 틈새로는 가느다란 빛이 새어 들어오고 있지. 나는 그 공
간에 들어가 잠시 쉬려고 했지. 어떻게 목적을 달성할까 골똘히 생각하던 중 갑자기
깊은 잠이 엄습했지. 잠에서 깨어 보니 자연이 혹은 인간의 상상력으로 창조해 낼 수
있는 가장 아름다운 초원에 내가 있었네. 눈을 비벼서 내가 잠들어 있는 게 아니라는
걸 확인했지. 이윽고 투명한 수정으로 만들어진 벽이 있는 장엄한 궁전이 내 앞에 나
타났다네. 두 개의 커다란 문이 활짝 열리더니 나이 지긋한 현자가 내게 다가오고 있
는 것이 보였네. 그는 땅에 끌리는 기다란 자주색 망토를 입고 있었지. 눈처럼 하얀 턱
수염은 허리 벨트 밑까지 내려와 있고 두 손에는 염주를 쥐고 있더군.
　그는 내게 다가오더니 맨 먼저 나를 꼭 안더군.

`p.88~89`　그러고는 그 노인은 이렇게 말하더군. "돈키호테여, 이 깊은 동굴에 갇혀
숨겨져 있는 것을 그대가 온 세상에 알릴 수 있도록 오랜 세월 동안 우리는 그대를 기
다려 왔습니다. 무적의 심장과 놀라운 용기를 가진 그대만이 이곳에 들어올 수 있었을
겁니다. 나를 따르십시오. 당신에게 이 투명한 성에 숨겨진 신비를 보여드리겠습니다.
저는 영원히 이 성을 지키는 수문장입니다. 제가 바로 몬테시노스이고 동굴의 이름은
제 이름을 딴 것입니다."

그 노인이 자신이 몬테시노스라고 말하자마자, 나는 그에게 지상의 사람들이 하는 이야기 즉, 몬테시노스가 자신의 위대한 친구인 두란다르테의 심장을 도려내어 벨레르마 아가씨에게 가져다 준 게 사실이냐고 물었네. 몬테시노스는 모든 게 하나하나 사실이라고 대답하더군. 그러더니 수정 궁전 안의 지하 방으로 나를 데려갔네. 방은 이상하게도 시원하고 온통 설화석고로 만들어져 있더군. 아주 정교하게 조각한 대리석 무덤이 하나 있었는데, 그 위에 한 기사가 전신을 드러내며 길게 누워 있었네. 조각이 아니라 진짜 살과 뼈로 이루어진 기사였지. 오른팔은 심장 위에 놓여 있더군.

몬테시노스가 말했네. "이 사람이 내 친구 두란다르테입니다. 저와 다른 많은 사람들처럼 이 친구도 프랑스인 마법사 메를린에 의해 마법에 걸려 있습니다. 그가 어떻게 그리고 왜 우리를 마법에 걸리게 했는지는 아무도 모르지만, 시간이 지나면 알게 될 것이고 그때가 멀지 않은 것 같습니다. 두란다르테가 내 품에서 숨을 거두었고, 그가 죽은 뒤 저는 이 두 손으로 그의 심장을 도려냈습니다. 분명 그는 죽었는데도, 어째서 여전히 살아있는 것처럼 가끔씩 신음을 하고 한숨을 쉴까요?"

p.90~91 몬테시노스가 이 말을 하고 있을 때 두란다르테가 큰 소리로 울부짖었네.

"오 사촌 몬테시노스!
그대에게 마지막 부탁이 있으니
내가 죽어 누워 있을 때
내 가슴에서 심장을 도려내어
그것을 벨레르마에게 가져다주게!"

이 말을 듣자 몬테시노스는 그 기사 앞에 무릎을 꿇고 자신이 부탁받은 대로 그대로 했음을 설명했네.

그런 다음 그는 계속해서 말을 이었지.
"수많은 자네 친척과 친구가 마법사 메를린에 의해 마법에 걸려 여기 갇혀 있지만, 5백 년 이상이 지났는데도 우리들 중에서 죽은 사람은 없지. 루이데라 부인과 그녀의 딸들과 조카딸들만이 너무 울어서 메를린이 동정심을 보여 그들을 호수로 만들었

다네. 그래서 지금 라만차 지방에서 루이데라 호수로 불리고 있다네. 이제 자네에게 기쁜 소식을 들려주어야겠군. 메를린이 큰일을 할 것이라고 예언했던 그 위대한 기사가 자네 앞에 서 있네. 라만차의 돈키호테가 그의 이름이라네. 그는 우리에게 씌워진 마법을 풀어줄 것일세."

두란다르테는 몬테스노스의 말을 수긍한 후 옆으로 돌아눕더니 침묵을 지켰다네.

p.92~93 이 순간 아주 깊은 신음소리와 큰 통곡 소리가 들려와 돌아보았네. 상복을 입은 아가씨들의 행렬 두 줄이 수정 벽을 통해 보였네. 이 두 행렬 뒤로는 역시 검은 옷을 입고 땅에 스칠 정도로 기다란 흰색 베일을 머리에 쓴 여인이 따라갔지. 그녀는 눈썹이 가운데서 만나고 코는 납작했으며 입은 크고 입술은 붉었지. 손에는 고운 천을 들고 있는데 그 안에는 미라가 된 심장이 있었지. 몬테시노스의 말에 따르면, 행렬에 서 있는 여인들은 두란다르테와 벨레르마의 하녀들이고, 심장을 들고 나타난 여인이 벨레르마라고 했네.

그는 벨레르마의 병적인 혈색과 못생겨 보이는 것은 잃어버린 연인에 대한 상심 때문이라고 하더군. 이것만 아니라면 토보소의 위대한 둘시네아도 벨레르마의 아름다움과 우아함, 매력에 비기지 못할 것이라고 했네.

그때 내가 말했지. "거기서 멈추시지요, 몬테시노스 나리. 나리께서도 모든 비교는 몹쓸 짓이며 한 사람을 다른 사람과 비교할 이유가 없다는 것을 잘 아실 겁니다. 그 누구와도 비길 수 없는 토보소의 둘시네아는 둘시네아이고, 벨레르마 부인도 벨레르마 부인일 뿐입니다."

몬테시노스가 사과를 하자, 나는 나의 여인이 벨레르마와 비교되는 것을 들었을 때 받았던 충격에서 곧 벗어날 수 있었네.

p.94~95 산초가 말했다. "근데 소인은 이해할 수 없습니다. 나리는 그 동굴 속에 있었던 그 한 시간 남짓한 시간 동안 어찌 그리 많은 것들을 보고 많은 이야기를 하실 수 있었는지 모르겠군요."

"그럴 리가 없을 텐데. 내 계산에 의하면 나는 그 먼 곳에서 사흘을 지냈네." 돈키호테가 대답했다.

"소인이 나리께서 말씀하신 것을 하나도 믿지 않는다면 용서하세요. 하지만 나리가 거짓말을 하신다고 생각하지는 않습니다. 소인은 메를린이 나리의 마음속에 지금까지 하신 이야기와 앞으로 하실 나머지 이야기를 주입시켰다고 생각합니다." 산초가 말했다.

돈키호테가 대답했다. "그렇지 않다네, 산초. 내가 자네에게 이야기 한 것은 모두 이 두 눈으로 본 것이라네. 토보소의 둘시네아를 보았다네! 그리고 기네비어 왕비가 거기서 랜슬럿에게 포도주를 따르고 있었네."

"나리는 어떻게 둘시네아 아가씨를 알아보셨나요? 그리고 아가씨에게 뭐라고 말을 걸었나요?" 산초가 물었다.

"내가 지난 번 아가씨를 보았을 때 입고 있던 옷을 그대로 입고 있었네. 내가 그녀에게 말을 걸었지만 그녀는 너무나 빨리 달아나서 화살도 따라잡지 못했을 걸세. 그녀를 따라갈 수 있었겠지만 그러지 않았네. 내가 동굴을 떠날 시간이 되었기 때문이야." 돈키호테가 말했다.

p.96~97 산초가 외쳤다. "하느님 맙소사! 도대체 마법이 얼마나 강력하기에 나리의 온전한 정신이 미치광이처럼 변해 버렸을까! 제발 나리 생각 좀 하시고, 나리의 명예도 돌아보시고 그런 터무니없는 것은 믿지 마세요."

"자네는 나를 사랑하기 때문에 그렇게 말하는군, 산초. 그리고 자네는 세상 경험이 많지 않기 때문에 좀 특이한 일은 불가능하게 보이는 것 같군. 하지만 내가 말했듯이 시간은 흐르기 마련이고 때가 되면 내가 저 밑에서 본 것들 자네에게 이야기해 주지. 지금 내가 하는 말이 의심할 여지없이 사실이라는 것을 믿게 해 줄 것들을 말이야." 돈키호테가 말했다.

그런 다음 두 사람은 각자의 안장에 올라 곧장 여관 쪽으로 향하는 길을 따라갔다. 그들은 다음 날 바르셀로나의 마상 창시합 장소로 갈 계획이었다.

돈키호테와 산초는 여관에 도착했고 주인에게 숙박할 수 있느냐고 물었다. 주인은 그렇다고 대답했고 그들은 안장에서 내렸다. 산초는 여관 주인이 열쇠를 건네준 방에 자기 물건을 가져다 놓았다. 그리고 말과 나귀를 마구간으로 데려가 여물을 주고 나서 돈키호테가 어떤 분부를 내리는가 싶어 돌아왔다. 그리고 산초는 이 여관이 돈키호테에게 성으로 보이지 않는 것에 대해 하늘에 특별히 감사드렸다.

산초는 여관 주인에게 물었다. "저녁으로는 무엇이 제공됩니까?"

여관 주인은 "제가 가지고 있는 건 송아지 발 두 개와 이집트 콩, 양파, 베이컨으로 만든 스튜입니다."라고 말했다.

"그럼 우리는 그걸 먹겠습니다!" 산초가 외쳤다.

p.98~99 주인은 곧 스튜를 가지고 돌아왔고 돈키호테와 산초는 음식을 먹기 시작했다. 바로 그때 옆방에서 이런 말소리가 들려왔다.

"제발! 라만차의 돈키호테 2편의 한 장(章)을 더 읽어 봅시다."

돈키호테는 자기 이름을 듣자마자 깜짝 놀라 일어서서 옆방으로 갔다. 거기엔 두 남자가 자신에 관한 책을 읽고 있었다. 돈키호테는 자신의 모험을 연대 순으로 담은 책이 출간되었음을 알고 깜짝 놀라, 자리에 앉아 두 사람과 그 책에 대해 이야기를 나누었다. 그들은 돈키호테의 허무맹랑한 이야기에 놀랐지만, 그것을 아주 멋지게 풀어내는 방식에 대해서도 똑같이 놀랐다. 돈키호테는 어떤 순간에는 현명하고 분별이 있어 보였고, 또 어떤 순간에는 바보천치처럼 느껴졌지만 책에서처럼 터무니없는 존재는 아니었다.

두 사람은 돈키호테가 책을 읽어 주기를 원했으나 돈키호테는 책이 너무 터무니없기 때문에 그것을 집어 드는 것조차 싫다며 거절했다. 마침내 돈키호테가 자신의 방으로 물러갈 때쯤, 두 사람은 그가 진짜 돈키호테임을 확신하게 되었다.

6장 | 하얀 달의 기사

p.104~105 돈키호테와 산초는 바르셀로나 외곽에서 날이 밝기를 기다렸다. 얼마 지나지 않아 새벽이 얼굴을 드러내며 풀과 꽃에 색을 가져다주었다. 이윽고 새벽에게 길을 내준 태양은 서서히 수평선 위로 떠오르기 시작했다.

돈키호테와 산초는 주위를 둘러보았다. 그들은 전에 한 번도 본 적이 없는 바다를 보았다. 바다는 두 사람에게 광대무변한 공간처럼 보였고 라만차의 루이데라 호수보다 훨씬 컸다.

그때 완전 무장을 하고 빛나는 달이 그려진 방패를 든 기사 한 명이 다가오더니 큰 소리로 말했다. "고명하신 기사, 라만차의 돈키호테여, 나는 하얀 달의 기사로, 나의 탁월한 공적에 대해서 익히 들어봤을 것이다. 나는 나의 여인이 토보소의 둘시네아보다 훨씬 더 아름답다는 것을 그대가 인정하도록 하려고 왔다. 그대가 이것을 인정한다면, 죽음을 면할 것이다. 그러나 그러지 못하고 결투를 벌여 내가 그대를 이긴다면, 그대가 고향으로 돌아가 일 년 동안 평화롭게 살 것을 요구한다. 그대가 나를 이긴다면 나의 목숨은 그대의 손에 맡겨질 것이고, 내 공적의 명성은 그대에게 이전되어 그대의 업적에 더해질 테다. 그대의 대답을 기다리겠다."

p.106~107 돈키호테는 하얀 달의 기사가 자기에게 도전하는 이유를 듣고 당황스럽고 놀랐다. 그는 매우 위엄 있는 목소리로 이렇게 대답했다. "하얀 달의 기사여, 그대의 공적에 대해서는 아직 들은 바 없지만, 그대는 눈부신 둘시네아를 보지 못한 게 분명한 것 같군. 그녀를 보았다면 결코 내게 도전을 하지 않았을 텐데, 세상에 그녀보다 아름다운 여인은 없다는 것을 알 테니까. 나는 그대가 내세운 조건을 받아들이고 도전에 응하겠다. 하지만 그대의 공적이 내게 이전되는 조건은 받아들이지 않겠는데, 나는 나의 공적에 만족하고 있기 때문이다. 원하는 대로 싸움터 자리를 잡아라 그리고 하느님이 보살피는 이에게 성 베드로의 은총이 더해지기를!"

두 기사의 모습이 바르셀로나 시 사람들에게서도 보였고, 그 이야기가 시장의 귀에까지 들어갔다. 시장은 몇 명의 귀족들과 함께 서둘러 바다로 나갔다. 시장은 두 사람 사이에 끼어들어 왜 결투를 하려는지 물었다. 하얀 달의 기사는 돈키호테에게 했던 얘기를 간단히 전해 주었고 결투의 조건들은 양쪽이 합의했다고 덧붙였다. 시장은 자신의 고문에게 가서 하얀 달의 기사가 누군지 아느냐고 조용히 물었는데, 돈키호테에 대해서는 익히 들은 바가 있었던 것이다. 그의 고문은 그 기사가 누구인지 모른다고 답했다. 시장은 이 결투를 허용해야 하는지 금해야 하는지 판단을 내릴 수가 없었다. 결국 시장은 결투가 장난에 불과할 것이라 판단하고 뒤로 물러서며 이렇게 말했다. "용감한 기사들이여, 이 문제는 하느님의 손에 있다. 시작하시오."

p.108~109 하얀 달의 기사와 돈키호테는 시
장에게 결투를 허락해 준 데 대해 정중히 감
사를 표했다. 그리고 나서 두 기사는 말을
탄 채 동시에 돌진했다. 하얀 달의 기사가
훨씬 빨랐다. 그는 방패로 돈키호테를 쳤는
데, 어찌나 세게 쳤는지 돈키호테와 로시난
테가 땅에 곤두박질치고 말았다. 하얀 달의
기사는 말의 박차를 가해 앞으로 나아갔고
창을 돈키호테의 면갑 위에 들어 올리고는 이
렇게 말했다. "그대가 졌소, 그리고 우리의 합의된
조건을 이행하지 않으면 그대는 죽을 것이오."
돈키호테는 혼절해서 면갑도 올리지 않고 희미한 목소리로 말했다.

"토보소의 둘시네아는 세상에서 가장 아름다운 여인이다. 내가 약해졌다고 해서 진
실에 흠을 내는 것은 옳지 않다. 기사여, 내 목숨을 끊어라. 그대는 이미 나의 명예를
앗아갔도다."

"그렇게 하지 않을 것이다. 아름다운 둘시네아의 명성은 예전처럼 계속 유지되어도
좋다. 내가 원하는 것은 이 결투 전에 약속한 대로 위대한 돈키호테가 일 년 동안 마을
로 돌아가 있는 것이다." 하얀 달의 기사가 말했다.

p.110~111 시장과 돈안토니오와 몇몇 사람들은 이 모든 조건들을 이행하겠다는 돈
키호테의 대답을 들었다.

돈키호테가 이렇게 약속하자, 하얀 달의 기사는 말머리를 돌려 시장에게 공손히 인
사를 하고 도시 쪽으로 말을 타고 사라졌다. 시장은 고문에게 그를 따라가서 그의 정
체를 알아보라고 명했다.

사람들은 돈키호테를 일으켜 세우고 면갑을 벗겨 얼굴을 보니, 창백한 데다 땀을 흘
리고 있었다. 로시난테도 너무 심한 부상을 입어 움직일 수가 없었다.

산초는 슬픔에 젖어 무슨 말을 해야 할지 어떻게 해야 할지 몰랐다. 그에게 그 결투
는 하나의 마법처럼 여겨졌다. 주인은 패배했고 일 년 동안 무기를 들어서는 안 되므
로, 이제 돈키호테의 찬란한 공적은 빛이 바랜 것 같았다. 산초의 모든 희망과 나리가
했던 약속들은 바람 앞의 연기처럼 날아가 버렸다. 그는 로시난테가 영원히 다리 불구
가 되지는 않았을까, 나리의 뼈가 탈구되지는 않았을까 걱정했다. 결국 시장은 가마를
오라고 하여 돈키호테를 시 안으로 옮겼다.

p.112~113 시장의 고문인 돈안토니오는 하얀 달의 기사를 따라 도시 한복판에 있는 한 여관에 들어갔다. 하인이 나와서 기사를 맞이하더니 기사는 1층에 있는 방으로 들어갔다. 돈안토니오도 그를 알고 싶은 생각에 뒤를 따라갔다.

하얀 달의 기사는 돈안토니오를 보고는 이렇게 말했다. "나리, 저는 나리가 왜 오셨는지 잘 알고 있습니다. 제가 누군지 궁금하실 것이고 제가 나리께 숨길 이유가 없지요. 저는 삼손 카라스코 학사라 불리는 사람입니다. 저는 라만차의 돈키호테와 같은 마을 출신이고, 돈키호테를 아는 우리 마을 사람들 모두가 광기에 사로잡힌 그를 가엾게 여기고 있습니다. 그에 대한 그런 터무니없는 이야기까지 책으로 나왔으니까요! 돈키호테가 잘 살든 말든 그런 것에는 관심이 없는 사람들의 조롱거리가 되기에 그는 너무나 좋은 사람이지요. 그래서 저는 그가 회복될 길은 집에 돌아가서 조용히 지내는

것이라고 판단했습니다. 저는 돈키호테를 패배시키고, 일 년 동안 마을로 돌아가 있을 것을 요구할 작정으로 방랑 기사로 여기 온 것입니다. 일 년 정도 조용히 살면 그의 병이 치유될 것으로 희망합니다. 결투에서 제가 이겼고, 돈키호테는 방랑 기사의 법도를 철저히 따르는 사람이므로 조건들을 분명히 따를 것입니다. 돈키호테에게는 제가 누구인지 알리지 마시길 간청합니다. 저는 그가 이성을 되찾게 되기를 간절히 원하는데, 그는 기사도라는 허무맹랑한 것에만 빠져 있지 않다면 정신이 말짱하기 때문입니다."

p.114~115 돈안토니오가 말했다. "하느님께서 그대를 용서해 주시길. 그대는 세상에서 가장 재미있는 미치광이를 세상에서 데려가려고 계획함으로써 그대는 세상 사람들에게 잘못을 저지르고 있습니다. 돈키호테가 제정신을 찾는 것이 그의 광기가 주는 기쁨에 비길 수 없다는 걸 모르시겠어요? 하지만 돈키호테는 너무 미쳐 있기 때문에 그대의 모든 노력이 허사로 돌아갈 것이라는 게 제 생각입니다. 이런 말씀을 드리는 게 대단히 무례하다는 것은 알지만, 저는 돈키호테가 절대 치유되지 않기를 바라는데, 왜냐하면 만일 그가 치유된다면, 우리는 그의 말과 행동뿐 아니라, 하인 산초 판사의 말과 행동도 볼 수 없을 텐데, 그들의 말과 행동은 가장 심각한 우울증까지 충분히 고칠 수 있기 때문입니다. 그렇지만, 그대의 계획이 실패할지 어떨지 보고 싶으므로, 저

는 아무 말도 하지 않겠습니다."

카라스코는 계획이 순조롭게 진행되고 있으므로 만족스러운 결과가 나올 것이라고 대답했다. 그런 다음 그는 작별 인사를 했다. 그날 늦게, 그는 말을 타고 나귀에 갑옷을 묶고 도시를 떠났다.

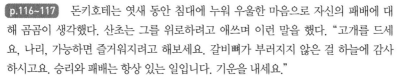

돈안토니오가 시장에게 카라스코의 얘기를 전하자, 시장은 기분이 매우 언짢았다. 돈키호테의 은퇴는 많은 사람들이 즐거움을 잃는다는 의미이기 때문이었다.

`p.116~117` 돈키호테는 엿새 동안 침대에 누워 우울한 마음으로 자신의 패배에 대해 곰곰이 생각했다. 산초는 그를 위로하려고 애쓰며 이런 말을 했다. "고개를 드세요, 나리, 가능하면 즐거워지려고 해보세요. 갈비뼈가 부러지지 않은 걸 하늘에 감사하시고요. 승리와 패배는 항상 있는 일입니다. 기운을 내세요."

"이렇게 비참한 내가 어떻게 기운을 낼 수 있겠는가? 나는 정복된 사람이 아닌가? 나는 일 년 동안 무기를 들 수 없는 사람이 아닌가? 이제 검보다는 뜨개질 바늘이나 붙잡고 있는 게 더 어울리겠지." 돈키호테가 말했다.

"그만 하십시오, 나리. 소인과 함께 고향으로 돌아가시고, 이제 우리가 잘 모르는 곳에서 모험을 찾는 생활은 그만두세요. 생각해 보시면, 비록 나리께서 더 많이 다치셨다 하더라도 가장 많은 걸 잃은 사람은 소인입니다. 총독이 되겠다는 제 희망은 물거품이 되었고요." 산초가 말했다.

"진정하게, 산초, 나의 은퇴는 일 년을 넘지 않으니까 말일세. 곧 내 명예로운 소명을 다시 받들어 자네에게 왕국을 얻어 주겠네." 돈키호테가 말했다.

이틀 후 돈키호테와 산초는 바르셀로나를 떠났다. 돈키호테는 무장을 하지 않고 여행복을 입었다. 나귀에 갑옷을 실었으므로 산초는 걸어서 갔다.

7장 | 라만차의 돈키호테의 최후

`p.120~121` 돈키호테와 산초가 마을로 들어서자 신부와 이발사, 삼손이 두 팔을 벌리며 다가왔다. 돈키호테는 말에서 내려 그들과 다정하게 포옹했다. 대문 앞에는 돈키호테가 돌아온다는 소식을 이미 들어서 알고 있는 가정부와 조카딸이 서 있었다. 산초의 아내와 아이들도 산초에게 달려와 산초를 데리고 집으로 갔다.

돈키호테는 친구들에게 자신의 패배와 일
년 동안 마을을 떠나지 않겠다고 한 약속에
대해 간단히 설명했다. 그래서 그는 그해에
양치기가 되어 들판에서 고독의 나날을
보낼 생각이라고 말했다. 그는 그들에
게 그리 바쁘지 않다면 자신의 벗이 되
어 달라고 청했다. 친구들은 돈키호테
가 다시 미친 게 아닌가 하고 깜짝 놀랐지만 그가 또다시 기사도 정신을 찾아 마을을
떠나는 것을 막아보자는 생각에 그의 새로운 계획에 찬성했다. 그러고 나서 그들은 돈
키호테와 헤어지며 그에게 건강에 유의하고 식사를 잘 하라고 말했다.

p.122~123 돈키호테의 조카딸과 가정부는 이야기를 모두 엿듣고 손님들이 가자 돈
키호테를 보러 안으로 들어갔다.

조카딸이 말했다. "우리는 삼촌이 집에 계시면서 조용히 젊잖게 살아가실 거라고
생각했어요. 그런데 이제 삼촌은 새로운 말썽에 휘말리고 양치기가 되려고 하시네요.
삼촌은 그런 엉뚱한 일을 벌이시기에는 너무 연로하세요."

가정부가 거들었다. "그리고 들판에서 여름의 더위나 겨울밤의 추위, 늑대의 울부
짖는 소리를 나리께서 견디실 수 있을 것 같아요? 그런 일은 어릴 때부터 그런 일을 하
도록 키워진 강하고 젊은 사람들만이 할 수 있는 일이에요. 양치기보다는 차라리 기사
가 되는 게 더 나아요! 집에 계시면서 자주 고해성사도 하러 가시고 가난한 사람들에
게 베푸셔서 어떤 악도 나리를 찾아오지 못하게 하세요."

"내 일은 내가 알아서 할 것이오. 몸이 좋지 않으니 날 침대에 눕혀다오. 하지만 내
가 기사가 되든 양치기가 되든 항상 자네들을 돌보겠네." 돈키호테가 말했다.

p.124~125 돈키호테의 삶은 전혀 예기치 않은 순간에 종말에 이르렀다. 그는 열병
에 걸려 엿새 동안 침대에 몸져누워 있었고, 그동안 신부와 학사, 이발사가 종종 문병
을 왔다. 그의 충실한 하인 산초 판사는 결코 그의 침대 곁을 떠나지 않았다. 그들은
돈키호테의 기분을 북돋워 주기 위해 최선을 다했다. 그러나 주변 사람들의 이런 노력
에도 불구하고 돈키호테는 슬픔을 떨쳐낼 수 없었다.

그의 친구들은 의사를 불렀고, 의사는 우울증과 절망감 때문에 그의 삶이 빨리 종말
로 치닫고 있는 것이라고 말했다.

돈키호테는 모두에게 잠시 자야겠으니 홀로 있게 해달라고 말했다. 돈키호테는 단

번에 6시간 넘게 잠을 자서 가정부와 조카딸은 그가 영원히 잠든 게 아닌가 걱정했다.

그러나 6시간이 지나자 그는 잠에서 깨어나 큰 목소리로 외쳤다. "제게 선을 베푸신 전지전능하신 하느님 축복받으소서. 진실로 하느님의 자비심에는 끝이 없고 인간의 죄로 그 한계를 짓지 못하도다!"

조카딸은 삼촌의 말을 유심히 들었는데, 그가 평소에 하던 말보다 훨씬 조리 있는 것처럼 들렸다.

"무슨 말씀이세요? 무슨 일이 일어났어요? 자비는 뭐고 인간의 죄는 무슨 말씀이세요?" 조카딸이 물었다.

돈키호테가 말했다. "얘야, 방금 하느님이 내게 베푸신 자비를 말한 거란다. 내가 말한 대로 그것을 보는 데 나의 죄가 전혀 방해가 되지 않았단다. 나는 그 해로운 기사 소설 때문에 무지에 갇혀 있다가 이제 완전히 해방되어 판단력을 되찾았다. 이제 나는 그런 책에 담긴 엉터리와 거짓을 알게 되었다."

p.126~127 돈키호테는 말을 이었다. "얘야, 나는 곧 죽음을 맞이할 것 같구나. 죽을 때 내가 완전히 미친 사람이 아니었다는 것을 보여주고 싶다. 나의 사랑하는 조카딸아, 나의 좋은 친구들을 불러주려무나. 내 죄를 고백하고 유언을 남기고 싶구나."

그러나 바로 그때 그 세 사람이 들어왔기 때문에 조카딸은 수고를 덜었다. 돈키호테는 그들을 보자마자 이렇게 외쳤다. "좋은 소식이 있네! 나는 이제 라만차의 돈키호테가 아니라 한때는 성실하게 산다고 해서 '착한 양반'이라고 불리기도 했던 알론소 키하노일세. 이제 나는 내가 그런 책들을 읽어서 참으로 어리석었고 위험에 처해 있었다는 것을 깨달았어. 이제 하느님의 자비로 경험을 통해 이를 알았고 그런 책들을 경멸하네."

돈키호테의 말을 들은 그들은 그가 또 새로운 광기에 사로잡혔다고 생각했다.

"뭐라고요? 돈키호테 나리! 지금 둘시네아 아가씨가 마법에서 깨어났다는 소식을 전해드릴 참이고, 우리는 양치기가 되어 살아가려고 하는데 이 무슨 말씀이세요. 그런 터무니없는 말씀은 그만 두세요." 삼손이 말했다.

"제발 농담은 그만 하게나. 내 고해 신부와 내 유언장을 쓸 서기를 불러 주게. 사람은 이런 중대한 순간에 자신의 영혼을 가지고 장난을 쳐서는 안 되네."

p.128~129 이러한 말들이 또박또박 표현되었고 아주 경건하고 이성적이어서 그들은 돈키호테가 제정신이라고 확신했다. 신부는 모든 사람들을 내보낸 뒤 혼자 남아 그의 고해를 들었다. 고해가 끝나자 신부가 나와 이렇게 말했다. "착한 양반 알론소 키하노는 죽어가고 있고 진짜로 이성을 되찾았소. 공증인이 왔으니 이제 들어가서 그의 유언을 들어 봅시다."

이 말을 들은 가정부와 조카딸과 그의 충실한 하인 산초의 눈물보가 터졌다. 착한 양반 알론소 키하노든 라만차의 돈키호테든 그는 늘 친절하고 온화한 성품을 지녔기 때문이었다. 이런 이유로 그는 그를 아는 모든 이들로부터 사랑을 받았다.

돈키호테는 유산 문제에 관해 공증인에게 이렇게 받아쓰게 했다. "산초 판사가 가지고 있는 나의 돈은 어느 정도의 빚을 갚는 데 써야 한다는 것이 나의 바람이오. 내가 그에게 빚진 수고비를 청산한 후에도 남는 돈이 있다면, 물론 그 돈은 아주 적을 것이지만, 그의 소유로 하여 요긴하게 쓰도록 하시오. 할 수만 있다면 나는 그에게 왕국이라도 주고 싶은 심정이오. 그의 소박한 성격과 충성스러운 행동은 그만한 대가를 받을 만한 자격이 되기 때문이오."

그리고 돈키호테는 산초를 돌아보며 말했다. "나를 용서하게. 나처럼 자네도 미치광이 취급을 받게 했으니 말일세."

"나리, 돌아가시지 말세요. 자, 게으름 피우지 마시고 침대에서 일어나서 양치기 옷을 입고 들판으로 함께 나가요. 어쩌면 어떤 덤불 뒤에서 마법에서 풀려난, 그림같이 아름다운 둘시네아 아가씨를 찾을 수 있을 거예요. 패배한 슬픔 때문에 돌아가시려고 한다면, 소인을 탓하세요."

p.130~131 "나는 미쳤었고 지금은 제정신이네. 나는 방랑 기사가 아니라 착한 양반 알론소 키하노라네. 이제 공증인에게 계속 진행하도록 하게. 나는 모든 재산을 조카딸 안토니아 키하나에게 남기겠소. 그리고 가정부가 내게 봉사한 시간에 대해 밀린 임금을 지불하고, 여기에다 옷값으로 20더컷을 더 지불하겠소. 나는 신부와 삼손 카라스코를 나의 유언 집행인으로 임명하겠소. 내 조카딸 안토니아 키하나가 기사 소설을 읽는 남자와는 절대 결혼하지 말았으면 좋겠소. 만약 내 조카딸이 그리 한다면, 조카딸은 내가 남겨준 모든 것을 잃을 것이고, 유언 집행인들은 이 재산을 자선단체에 기부해 주시오."

돈키호테의 임종은 사흘 뒤, 그가 모든 성사를 받고 자신을 일시적으로 미치게 만든 기사 소설에 대한 혐오감을 표명한 뒤에 왔다.

　그는 가족과 친구의 눈물과 동정 속에 눈을 감았다. 그리고 스페인 최고의 선하고 용감한 남자의 모험은 이렇게 막을 내렸다.